U0599273

净业三福
孝亲尊师

落实孝亲的点滴体会

胡小林 著

岳麓书社·长沙

出版说明

本书是由大通永利编辑组根据胡小林先生于二〇一〇年十月至二〇一一年一月期间，在香港、深圳、新加坡三次演讲的录音整理修订而成，现由岳麓书社正式出版。

谨以此书

感谢净空师父上人的慈悲教诲和呵护！
感谢父母大人的养育之恩！

——胡小林

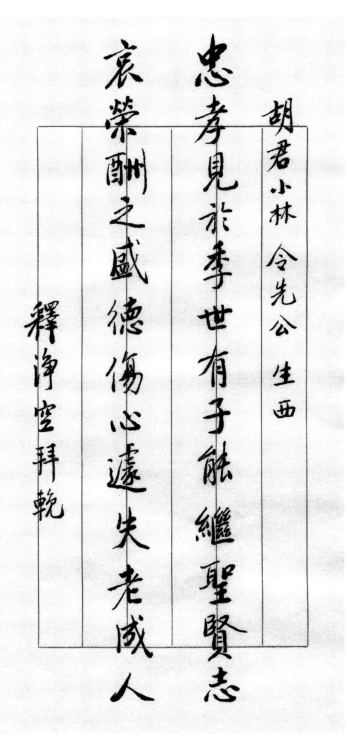

胡君小林 令先公 生西

忠孝見於季世有子能繼聖賢志

哀榮酬之盛德傷心遽失老成人

釋淨空拜輓

净空老法师为胡丕林老先生写的挽联

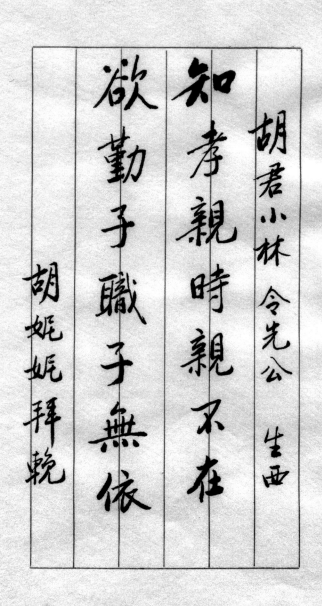

胡君小林 令先公 生西

知孝親時親不在
欲勤子職子無依

胡妮妮拜輓

净空老法师代笔之挽联一

胡君小林　令先公　生西

厚德舍宏伫看哲嗣繼絕學

徽音乍渺驚聞鶴駕歸佛國

大澳洲利亞淨宗學院

香港佛陀教育協會釋淨空暨全體同學拜輓

全球各地淨宗學會

净空老法师代笔之挽联二

目　录

缘　起　一个《弟子规》初践者的感悟　　　　　　　　　1

第一章　孝为德之本　　　　　　　　　　　　　　　9

　修诚敬心　　　　　　　　　　　　　　　　　　　10

　和气格天　　　　　　　　　　　　　　　　　　　17

　做个榜样　　　　　　　　　　　　　　　　　　　21

第二章　自度度他——我和父母相处的故事　　23

　隔阂与冲突——以往我和父母的关系　　　　　　　24

　行有不得，反求诸己——父亲身边处处道场　　　　29

　　惠以真实之利——从念佛机到稻香村　　　　　　29

　　体父之疾苦对治分别心——从豆腐乳到小便　　　40

　　随缘妙用——从洗脚到按摩　　　　　　　　　　54

　　当其不动念时，孰香孰臭?　　　　　　　　　　65

　佛菩萨就在身边——聆听父亲的故事　　　　　　　80

　　千里运回的洗澡盆　　　　　　　　　　　　　　80

　　为子孙多留一棵树　　　　　　　　　　　　　　83

　　连妈妈都不知道的事　　　　　　　　　　　　　86

　　菩萨般的胸怀　　　　　　　　　　　　　　　　90

传家宝——破秋裤   97

善相劝，德皆建——规劝父母的故事   100

婆罗门女的故事   100

晓之以理——帮助父亲改变脾气   104

动之以情——转变父亲对妹夫的态度   108

将加人，先问己——消除妈妈的分别心   112

说因果，了恩怨——在妈妈和李讷之间   116

凡是人，皆须爱——平等对待小阿姨   125

将心比心，成全一段恋情   132

父亲的五十万遗产   138

至诚感通——家人对我学佛的认可   144

第三章 慎终追远，念佛心切
——父亲走后的悔过与觉悟   153

附 胡老先生往生见闻记   163

缘起
一个《弟子规》初践者的感悟

讲"孝亲尊师"这个题目之前，我首先要说明一点，那就是我在孝敬父母这一点上做得非常不好。这不是谦虚，我心里头真的有这么一个缺憾：孝敬父母这一课，我一直缺着。因为从我十岁一直到现在我五十五岁，大概有四十五年的时间没有和父母在一起生活。

我十岁时，"文化大革命"开始，爸爸妈妈被抓进"牛棚"，我就领着妹妹在外边生活。其实在那个时候，家庭就已经不存在了。"文革"后，政府对爸爸妈妈落实了政策，爸爸在外地，妈妈在北京带着我和我妹妹，仍然是两地分居，没有完整的家庭。

我十八岁插队到农村，在那边待了两年半左右，到一九七六年打倒"四人帮"才从农村出来；从农村出来以后我又考上大学，到安徽合肥读书。之后，从合肥又考回北京读研究生，那时住校，也没在家里住。后来一直到现在，我都没有跟爸爸妈妈住在一起。所以，"孝"是一种什么样的滋味，在孝亲的过程当中会有什么样的感受和体会，对我来讲，确实是一个空白。

师父经常在讲经的时候说要"远离虚妄"，我从二〇一〇年七月份开始近距离、深层次地跟爸爸妈妈在一起接触，才对比出什么是虚妄的生活：贪瞋痴慢是虚妄，自私自利是虚妄，它们都是相对而言的。虚妄的反面是真实，当你没有接触到真实的生活，就不一定能完全理解贪瞋痴慢和自私自利为什么是虚妄。

那什么是一个人的真实的生活？就是"净业三福"，就是我们师父常说的"真诚、清净、平等、正觉、慈悲。"所以，孝敬父母是真实的生活，不孝敬父母是虚妄的生活；尊重老师是真实的生活，不尊重老师是虚妄的生活。因为我那时从来没见到过真实，一直生活在虚妄当中，所以不知道真实是什么样子。

师父上人希望我把自己这几个月与父母相处的过程，向大家汇报一下。我觉得我真是没有资格给大家讲如何孝敬父母，因为我之前就没孝敬过父母，才刚刚做了几个月，是一个初学者，而且做得并不好，我有什么脸面向大家来汇报应该如何孝敬父母呢？很多朋友，比如王希海老师和丁嘉丽老师，还有我身边的很多人都比我做得好。但师父说你的体会很重要。他说：现在很多人都不做，你由不做到做，这个转变很重要，要拿出来鼓励大家、教育大家。

我曾听说过有人做过一次七千多人参与的问卷调

查，问"在你的一生当中最重要的事情是什么"，结果只有四个人把孝养父母放在第一位，剩下的人不是填金钱，就是填事业、出国留学、买房子等等。这还得了吗？这个社会到什么程度了？所以咱们这些人要出来呼吁，要说、要做！

师父常说，抗日战争最大的损失是中国的大家庭没有了。中国传统大家庭还存在的时候，孝敬父母是自然而然的一件事情。过去的大家庭有四世同堂、五世同堂，甚至六世同堂，有些大家庭甚至上千人在一起住。可能我们觉得这不过是家庭的一个种类差别而已，可以有两个人的，有三个人的或者一千个人的，有什么区别呢？不一样。现在越想中国的大家庭越觉得有它的价值。那时候社会没有那么大的负担，什么养老院、幼儿园……没有。基本上都是由家庭来承担。国有国法，家有家规，家里基本上把问题全解决了。从功能上来看，中国的大家庭第一个功能就是养老。

现在国家一而再、再而三地强调：中国老龄化问题相当严重。到了二〇二〇年的时候，中国人口有四分之一是老年人，没有劳动能力了。那老年人谁来养？就得国家养。国家哪儿来的钱？是靠我们现在缴的这个养老金。我们缴的养老金用来养现在的老人，那等我们的孩子再缴养老金，就是养我们这些老人，是由社会来承担。

社会有感情吗？社会能跟家比吗？社会的养老院

照顾你是出于什么目的？那是份工作。那靠什么约束？靠职业道德约束。有血缘吗？有亲情吗？没有。所以说，现在的老人苦、可怜，对吧？你还得感谢这些工作人员，因为这只是一份工作，他可以在张三的养老院工作，也可以在李四的养老院工作，有比它更好的工作，他还可以辞职。所以说，现在的老人苦、可怜。

中国的家你能辞职吗？我能辞去我这儿子的职吗？爸爸辞不了职，妈妈也辞不了职。社会的工作可以辞职、可以变化，我跟爸爸妈妈的关系不能变化。所以你看，中国的古人多有智慧——老年人在家里头度过晚年！这一段时间是最幸福的。

现在我们上班忙，把父母扔给小保姆，扔给电视机，导致老年人产生了很多心理疾病：焦虑症、抑郁症、狂躁症……我这四个月跟我父亲在一起，才知道为什么老年人不愿意去医院，为什么老年人送到养老院就容易得精神分裂症、老年抑郁症，就是这个原因！

把父母送到外面去，他们能有一个幸福的晚年吗？如果父母不幸福会怎么样？父母会瞋恨，父母会埋怨。那么父母每天生活在怨恨、恼怒中，你好得了吗？《易经》上说："积善之家，必有余庆；积不善之家，必有余殃。"

今天中国社会上存在的问题，从本质上说是因为对家的大侵袭、大劫难造成的。为什么没有家，这个社会就乱了呢？没有了家，到哪儿学恭敬啊？没有了家，到哪儿学害怕啊？

中国的大家庭，对老年人要赡养、照顾，那是发自内心的。爷爷奶奶坐在上座，逢年过节和生日拜寿要给老人磕头。在家里，人人敬重爷爷奶奶、敬重祖上，孩子们就在这种氛围下长大成人。这是上行下效。比方说我爸爸在，我跟我儿子一起来照顾我爸爸。儿子会看到爸爸是怎么对待爷爷的，从小他就知道老年人在家里至高无上。那么你老了以后，他就会继承你的衣钵，就会孝敬你。所以中国大家庭这种制度设计、结构安排是非常严肃、极具智慧的。

你看我们今天的三口之家，夫妇俩再加一个孩子，他从哪儿学孝敬呢？你全"孝敬"他了，没有老年人让他孝敬。所以现在的孩子连"家"的概念都没有，都比较叛逆，你不提家还好，一提家就头疼。爷爷、奶奶、姥姥、姥爷，再加上爸爸、妈妈，六个大人围绕一个孩子，但他觉得家里很不舒服，那不是他想要的。

师父说，从学佛的角度来讲，净业三福是重中之重，是"三世诸佛，净业正因"，没有一尊佛不是从孝敬父母开始的。这对净宗同修有很大的启示作用。

多少学佛的人远离父母，多少学佛的人不回家孝敬爸爸妈妈！为什么佛法衰？为什么社会大众、政府对学佛的人有看法？哪一份爸爸妈妈的忧愁是学佛的人解除的？哪一份爸爸妈妈的苦难是学佛的人帮助解决的？哪一份爸爸妈妈的需要是学佛的人帮助满足的？我们要问我们自己，我们何德何能说自己是学佛的？

正是在家、在孝养父母的过程当中，我才发现自己的境界不够，找出了差距，看到了自己的妄想、分别和执著；也让我对佛经上讲的、净空老法师讲的，还有印光老和尚讲的内容，开始有了更深的体会。

现在我对父母非常感恩，如果不是他们给我提供这个修学的平台、这个场地，我怎么能知道我自己不行？怎么能发现自己的过错？

当我刚回家的时候，觉得自己是学佛的，是净空老和尚认可的，在全国小有名气，我回去要度他们。所以，可以说是凯旋而归，煞有介事，不可一世。"大德"，了得吗？想着父亲岁数大了，又不学佛，我一定要跟他搞好关系，让他依赖我，走的时候能听我的话，去西方极乐世界——我要度他。

我最初完全是本着这个目的回到家里，来到了爸爸身边。结果发现父母身边处处是道场，事事是菩提。从餐桌到卫生间，从卫生间到父亲的沙发，从父亲的沙发到父亲的床，都是对自己的考验。回家后才觉得自己差得太多，在爸爸妈妈身边才觉得自己的境界不行，心不清净。于是，在照顾父亲的过程中我就与自己对治，发现自己那种执著、那种分别心，一旦放下，你所体会的那个境界，你所迎来的那种喜悦，你通过战胜烦恼得来的那种胜利的骄傲，不能用言语来形容，只有做了的人才真正知道。不仅如此，因为我和父亲多了沟通，听到了很多父亲的故事，让我更加对他生起诚敬心。而且，通过和父母近距离地生活，有了发现父母问题的机会，"善相劝，德皆建"，在"盖父母之愆"的同时，也让自己得到了教育。结果，经过这几个月和家人的相处，家人对我、对佛法的态度都发生了很大的变化。

说起来我学《弟子规》有四年了，这几个月回家落实孝道，才恍然大悟，发现自己走了一大段的弯路。《弟子规》说"首孝弟"，不是从嘴皮子上滑过，"孝"真正是首，是第一位。所以，我把自己这四个月的真实体会汇报给大家，希望我们一定要从孝门入手，从这里开始落实传统文化。这就好像我们卖糖卖了十几年，一直是隔着糖纸尝这块糖，你尝到糖的甜味了吗？没有。你只有剥开这个糖纸，尝到甜味，你才能跟人家说：糖是甜的，它是什么样的一种感觉——真实不虚。那什么是最经济、最有效、最方便、最快速、最稳妥、最安全地尝到甜味的方法呢？回家孝敬父母！

第一章

孝为德之本

修诚敬心

　　为什么要孝养父母，这个问题原本不是个问题，现在才成为一个问题。我看到很多学佛的朋友和企业家朋友不觉得孝养父母很必要，包括我自己在内。我现在也是刚刚开始有所转变。

　　我以前觉得一个人该干什么干什么，该吃喝什么吃喝什么，企业家就得把企业做好，认为孝养父母对经营企业来讲是平行的——因为我是企业家，所以我的主要任务是把企业搞好，照顾父母、孝养父母不是我分内的事情。我要想孝养父母，我就没法做企业；我要想做好企业，我就没法孝养父母。我把它们对立起来了。所以，我没觉得孝养父母是企业家还有社会上各行各业的人，都应该做的第一门功课，而且是一年级的功课。在一年级的功课之上，你才有二年级、三年级、四年级。那么，孝养父母为什么是每个企业家、每一个学佛的四众同修都必须面临的一门课？

　　先从文字上来看。中国的"孝"字，上面是"老"字的上半部，下面是儿子的"子"。所以，你千万不要认为爸爸妈妈的生活状态，他们的心情好坏跟我没关系，那关系太大了！孔子说："夫孝，德之本也，教之所由生也。"这个教育的"教"字，左边是"孝"，右边是文化的"文"，其实整个的教育就是孝的文化。

所以，不论你是学佛的朋友还是企业家，不论上至国王还是下至平民百姓，谁都躲不过"孝"字。因为每个人都希望自己有好运程，都希望自己有福气，都希望自己能够成功，那你就先得从孝养父母开始。你先得让父母高兴了，你才能高兴得了。你说从处级提升到局级高兴，赚到钱高兴，这跟孝养父母有什么关系？这完全是我吹牛拍马、跑官要官提升的副局级，这完全是我搞竞争挣来的钱。那么，孝养父母跟挣钱有关系吗？跟我的事业、自己的小家庭、我的健康有关系吗？孝养父母就能帮助我挣钱，能帮助我考上大学，能帮助我考上研究生，能帮助我出国深造，能让我有一个好身体吗？如果我们不把孝养父母跟我们现前的实际利益挂钩，不把这个道理讲清楚，现在这种商业社会、竞争的社会、科技的社会，人们很难回过头来行孝道。所以，要把实实在在的理论讲清楚。当道理讲明白了，大家自然就会回家孝敬父母。

我们学佛的同修都知道这么两句话："一切法由心想生"，"相由心生，境随心转"。这是佛讲心性之学的基本理论和最高原则。现实社会的殊胜利益，比如五福——长寿、富贵、康宁、好德、善终等等，这些都是"依报"。"依报随着正报转"，"正报"就是你的心，就是你的念头。我们如果想得到好报，就得修心。心好，什么都好；心善，什么都善。

我们都知道江本胜博士的水实验，我们在杯子上贴个"爱"字，水的结晶就特别美丽；我们在杯子上贴一个"恨"字，这水的结晶就特别难看。水是依报，我们的念头是正报，那我们的公司、我们的财富、我们的健康、我们的家庭、我们的孩子、我们的学业都是依报。依报随着正报转，你念头里要有爱，你念头要善，你的依报就善；你有好心你得好报，有坏心得坏报。

下边的问题就摆在我们面前：我想修这个心，我想修一颗纯善、纯净的心，以得到这样好的物质跟精神的享受，那有没有一个好方法、好地方、好措施、好手段，能最高效、最稳妥地把我们这颗目前不太好的心迅速地修好，迅速地契入境界？这是每一位同修、学佛的人都希望得到的答案。佛有没有说，印光老和尚、净空老和尚说没说如何高效率地、稳妥地修这颗心？说了。只是我们"心粗而眼翳"，忽略了，左耳朵听进去，右耳朵出来。

世尊在《观无量寿经》上说的"三世诸佛，净业正因"，第一句话，"孝养父母"。要成佛，无论是过去的佛、现在的佛，还是未来的佛，从哪里开始修起？孝养父母。印光老和尚说："敦伦尽分，闲邪存诚，老实念佛，求生净土。"敦伦，五伦中的第一伦就是父子有亲，就是从孝养父母开始。净空老法师这么多年推荐的《弟子规》，第一句话"首孝弟"，孝也是第一位。

为什么这些祖师大德、这些佛菩萨都让我们孝养父母，大家明白这里边的意思吗？因为孝养父母是修清净心、焕发爱心、提高觉悟的最有效、最直接、最方便、最稳妥、最安全的第一步。为什么？我谈恋爱不行吗？谈恋爱你有欲望，有染污；我做生意不能修善心吗？做生意你有利益；我在学校学习、考大学不行吗？考大学你有追求，你有名闻利养。

家这个地方，父母的身边，在这个五浊恶世，是我们唯一能找到的一片净土。在这里，父母对孩子没有自私自利，父母照顾孩子不是为了名闻利养，父母照顾孩子没有五欲六尘。哪五欲？财、色、名、食、睡。你看爸爸妈妈照顾孩子是为了这五个吗？六尘①呢，色尘、声尘、香尘、味尘、触尘、法尘。你拉的大便，那么脏、那么臭的东西，妈妈爸爸都不嫌弃，都得照顾你，所以六尘都是清净的。父母对孩子没有贪、瞋、痴、慢，父母对孩子是无限地奉献，有求必应。即便父母对孩子发脾气有瞋心，那出发点也是为了爱孩子。

---

① 尘：染污。《三藏法数》明·一如等撰

所以，第一，家是唯一没有自私自利、名闻利养、五欲六尘、贪瞋痴慢的地方，家这个修学的环境不一样，受染污的程度少。第二，父母对我们有大恩大德，"谁言寸草心，报得三春晖。"父母给我们生命，给我们身体，把我们带到这个世间，一把屎一把尿，含辛茹苦、不分白天黑夜地照顾我们。如果对这种人你都没有爱，对这种人你都没有诚敬，我们就要问问，你对谁能引出这一份真诚心？

而且，从父母开始，最容易引发爱。因为有血缘的保证，有这么多年细心的呵护。因为这是天性，父子有亲。如果对这种自然的安排你都没有爱心，对利益安排、欲望安排中的那些关系，你想把这个心引出来，这不是痴心妄想吗？你说我对父母不真诚，没有诚敬，但我对净空老法师有诚敬——假的。那肯定有名闻利养，肯定有夹杂。

印光老和尚说："一分诚敬得一分利益，十分诚敬得十分利益。"学佛的人，没有不想得利益的。关键的问题是：诚敬是因，利益是果。我们就要问：如果我想诚敬，我愿意诚敬，那我要怎么诚敬？你先要从父母身上练起，如果你对父母都没有诚敬，你说你对佛菩萨有诚敬——假的。所以你不能得到佛教的真实利益；得不到佛教的真实利益，你就得不到客观的物质利益和精神利益。

所以要从孝养父母把自己的诚敬心引发出来，再把这份诚敬心扩展到师道。佛教是师道，师道要建立在孝道的基础上，没有孝道就没有师道。为什么？因为孝道帮你把诚敬心引出来，因为人最容易对父母诚敬，因为他们对你最有恩情，他们对你最爱，他们在你身上花的时间最多，他们对你照顾得最细致，所以你的诚敬心最容易出来。你把这种诚敬心的一分再用到师道上，你就能得到师道的一分利益；十分地用上，你就得到十分的利益，这个逻辑关系是绝对正确的。

换句话说，如果有这么大的爱，你的诚敬心都出不来，你说你对佛法有诚敬心，你对师父有诚敬心，那不可能。没有诚敬心你就得不到利益，你得不到利益，十年、二十年以后，你会不会埋怨佛法？说我头也磕了，三时系念法会也参加了，佛七我也打了，怎么不灵？三千遍《无量寿经》我也读了，每天六万声、七万声佛号我也念了，我的境界怎么还是不好？我的身体怎么还是不健康？我怎么还是挣不着钱？没别的，没诚敬心。

这就是为什么三世诸佛、印祖老和尚和我们的净空老和尚，反复劝我们回到家去，好好地孝养父母的原因。不是说我们回家去照顾父母，照顾父母的吃喝，照顾父母的起居，不仅仅是这个；也不仅仅是养父母的心，养父母的志。回家孝养父母，不是说我单纯地付出，单纯地照顾爸爸妈妈，我一点回报都没有，不是。因为只有你自己得到的利益是最大的，你到爸爸妈妈面前是修行去了，是提高境界去了，是找诚敬心去了，是焕发爱心去了。你把爱心找到、把诚敬心找到，那你还了得吗？

孝养父母的心是纯净纯善的，孝养父母的心是诚敬的，你的心好，你的心诚敬，你的心善，由此而改变你的依报，你的依报就会越来越殊胜，这些都从这里打下基础。所以，佛说孝养父母是种福田，它能种东西，能长东西，道理在此地，不是迷信。孝养父母的过程就是洗涤自己那颗肮脏心的过程，是焕发自己的爱的过程。心善了、心爱了、念头好了，依报随着正报转，自然而然你的公司就好，你的家庭就好，你的学业就好，你的身体就好，所以孝道的圆满是大圆满。

从初发心到成佛，其实就是一个"孝"字，做圆满就行了。什么东西能跟孝养父母比？没有任何一件东西可以跟孝养父母比。有没有一个可以替代的？没有。因为是"父子有亲"这种天然的安排，剩下的都不行。你说"君臣有义、夫妇有别、长幼有序、朋友有信"，比这种"父子有亲"都差得太多了。这个缘太深了，大因缘才能成为一家人。

所以，我们有父母是一笔宝贵的财富，千万不要离开他们，回到他们的身边是修行，是淘洗自己肮脏的心，把自己的爱心焕发出来最好的方法、最好的途径、最稳妥的手段、最方便的窍门。

和气格天

《了凡四训·积善之方》当中说:"在家而奉侍父母,使深爱婉容,柔声下气,习以成性,便是和气格天之本。"这句话非常重要,他讲了为什么要奉事父母,我给大家谈谈我在这方面的学习体会。

首先说深爱,除了在父母身边,你在哪里能找到深爱?君臣之爱,上级下级,他掌握你的生杀予夺之权;夫妻之爱,你有欲望;朋友之爱,可能是有利益;兄弟姐妹之爱是不错,但是现在有几个兄弟姐妹能团结的?

深爱是因,婉容是果。深爱是内,内心有深爱,外表上就有婉容。婉容,就是和蔼、和气,笑容可掬,满面春风,面带喜色。谁不喜欢婉容的人?在哪儿练就这个婉容?在爸爸妈妈面前。你对爸爸妈妈能像对员工一样吗?你在单位是董事长,你回家还是董事长吗?对不起,你得给妈妈拿椅子,你得给妈妈摆筷子,你得给妈妈盛粥,你要伺候老太太。

"深爱婉容"以后呢?要"柔声下气"。我干吗要柔声?我干吗要下气?周围全是我的下级,全是我的晚辈，当了大老板了，有钱了，我跟谁去柔声下气？我跟秘书柔声下气？我跟司机柔声下气？我跟家里的阿姨柔声下气？不可能啊！除了在爸爸妈妈身边柔声下气，没有地方能让你练就这种谦卑、练就这种包容。

练完了"柔声下气"以后怎么办？"习以成性"。就是养成习惯了，对谁都谦卑，对谁都柔和，对谁都柔声下气。行了，那就招人喜欢，天地鬼神都怜悯。我们要想成功、要想发展、要想幸福，就一定要保持一个谦卑的态度。俗话说哀兵必胜，天地鬼神、佛菩萨时时怜悯我、同情我，这便是"和气格天之本"。

和气是因，格天是果。格天是什么意思？格就是感应、感格。天呢？天就是自然规律、因果规律。你看，和气才能格天，你不和气就格不了天。每一个人都希望格天，都希望有加持，都希望能跟上天感应。其实哪儿有上天？就是因果规律。做好事得好报，是格了好报了；做坏事有恶报，这是格了恶报了。

你能够格天，你能不心想事成吗？天你都能格了，钱你还挣不到吗？我们说的什么所谓神通、所谓感应、所谓加持，你全有。所以我们回家孝养父母，不单纯是一种牺牲、一种简单的付出，自己什么都得不到的，不是。别人什么都没得到，只有你自己得到了。

那么，回家孝敬父母、尊重老师，目的是为了谁？你以为那是照顾爸爸妈妈？不是。那是练就你一身谦虚、和气、恭敬、低三下四，就是咱们做买卖人经常说的当孙子。实际上你要从装孙子，变成真正的孙子，那你的钱挣得更多。因为企业家认为所有的客户都是我们的父母，甚至比父母还要尊贵——是上帝啊！

所以说，孝养父母能让你赚到钱。因为回家孝养父母，让你学会了和气格天；因为有了和气格天这个本事，你才能感化你的客户，你才能招来好员工，你才有真诚心，你才有凝聚力。对我们现在的企业来讲叫文化价值，叫核心竞争力。一个企业的核心竞争力是什么？就是和气格天的本领。

你说，那我也没跟爸爸妈妈住，我也没成天伺候屎、伺候尿，我怎么能挣着钱？你这话得反着说，你原来命里带着一个亿的身价，因为不孝养父母，你挣了五千万，你还挺乐，殊不知，你本来应该挣一个亿。你是凡夫，你怎么知道自己带了多少财富来到这个世界上？你要孝养父母你能挣一个亿，你不孝养父母你能挣五千万，你还津津乐道呢，还沾沾自喜呢！你错了。

所以，我们学习《了凡四训》、《弟子规》，就要落实在孝敬父母上，你才能得到真实的利益。我们很多人现在都愿意孝敬爸爸妈妈，都希望能补上这一课，能回到父母的身边，跟父母共同面对社会的问题、家庭的问题，以及我们思想上存在的问题。这不就是道场吗？孝养父母不就是提高觉悟的一个过程吗？

因此，我觉得孝养父母是一个大圆满，我们应该从现在做起，千万不要再耽误时间了。孝养父母的过程当中，最重要的就是不能麻痹。我们一定要提高警觉，把孝养父母跟我们的修学挂上钩，实际上无处不是修学，无处不是考验，无处不是境界。

做个榜样

　　我们学佛是好事，得自在，证法身，那么从哪儿学起呢？要从家学起。佛法在世间，不坏世间法，佛法跟世间法是一法，不是二法。所以，什么是学佛人的好样子？世间人的事情要做得比世间人还好。比方说世间人不孝敬父母，我们孝敬父母，而且我们孝敬父母，孝敬到最究竟处：把父母拉来一起学佛，养父母之慧。

　　净空老和尚说孝养父母有四个层次。第一，养父母之身，我给钱了。第二，养父母之心，我不离婚了，父母不为我操心。第三，养父母之志，大家一问，这是谁？某某的母亲，那还了得吗？有面子，有志气，在人家面前扬名声、显父母。最后一个，养父母之慧，父母跟你在一起觉悟了，明白宇宙人生的真相，真正碰到了解脱之路，那你的孝养就圆满了。

　　什么叫孝？不是我们给钱，不是我们回去陪爸爸妈妈吃顿饭，不是像我过去那样：我给了钱，交了物业费，帮您装了修，还给您请了阿姨、派了司机，我就叫孝了。那你家里养个宠物不也是养吗？那能跟对爸爸妈妈一样吗？《孝经》上都说了，猪狗都有养，那你养父母能算孝吗？那么，你觉得做佛愉快、解脱，你想要做佛，从哪儿做起？佛在《观无量寿经》上说："三世诸佛，净业正因"。三世，就是过去、现在、未来；过去的佛——释迦牟尼，现在的佛——净空老法师，未来的佛——我们。净业正因，原因是什么啊？怎么当的佛？净业三福第一福第一句："孝养父母"。

　　不学佛的朋友也就罢了，学佛的人谁都绕不过去，因为你学佛就是要成佛。成佛，你不孝养父母，你成不了佛。孝敬父母，就是我们佛门当中经常说的三种回向②。很多人问我，什么叫回向？我怎么回向？你孝敬父母就是最大的回向，把孝做圆满了，是最大的、最重要的回向。

---

② 　回向：佛教术语，回：回转，向：趣向，回转自己所修的功德趣
　　向于所期。《丁福保佛学大辞典》

第二章

自度度他

——我和父母相处的故事

隔阂与冲突
——以往我和父母的关系

前面提过，从我十岁那年开始，一直到二〇一〇年的七月份，我有四十五年没跟父母在一起生活过。所以我不知道如何跟父母相处，不知道跟父母相处要注意哪些问题。换句话说，没有默契、没有理解，也没有亲情。

那么，家里人和我的关系是怎样的呢？我母亲是山东人，特别重男轻女，从小对我是娇生惯养。她跟我说，从小我的尿布都是用熨斗给烫平的。我的表哥表姐们跟我说，我母亲惯我惯到什么程度：那个年代，那么艰苦，我几乎就没喝过白开水，全是喝北冰洋汽水，一毛五一瓶；在那么困难的情况下，给我买个乒乓球拍，红双喜牌子的，三块钱；过年买鞭炮给我买十五块钱的，那在五六十年前要花很多很多钱。

但是，毕竟四十多年没跟她生活在一起，她对我也很冷淡，因为生活中没有太多的交流。每次回家就是，"妈，我回来了。""给你们撂箱苹果，我走了。""行。""你不要两盒茶叶吗？给你买来了。"……说的话就是这些内容，最多待半小时，不深入。在妈妈面前，我也没有那种孝敬、恭敬的心。

父亲呢，他年轻的时候，在我十岁以前，他对我的管理相当严格，是真打、真骂。但是一搞"文化大革命"，他就离开了我们，到了宝鸡，就两地分居了。父亲调不回来，我们也去不了宝鸡，所以，我就一直处于没有父亲的状态。长大成人后，我对父亲也不恭敬。

我原来跟爸爸妈妈相处的形式很简单：就是给钱。房子是我买的，阿姨是我请的，司机是我请的，车子也是我买的，包括物业管理费……所有的费用花销都是我出。

没学佛、没学传统文化之前，我一个月回父母家一趟，爸爸妈妈过生日时回去一趟。妈妈偶尔出来，就请她吃个饭，爸爸身体不好，一般不出来。我学了传统文化、学了佛以后，觉得应该经常回家落实孝道，由一个月一次变成了一周一次，但也是蜻蜓点水，很表面化。

你不跟爸爸妈妈生活在一起，他们的心理动态你掌握不了。爸爸妈妈有什么疾苦？不了解。他们有什么喜悦？不了解。他们有什么痛苦？不了解。他们有什么盼望？不了解。父母的心是什么？不知道。父母的愿是什么愿？不清楚。跟父母的接触就像油和水一样，不能相溶，而且不仅不能融入父母的生活，还会发生一些冲突。

二〇〇七年的大年初一，我回到父母家里吃饭。到家后一看桌上放着鱼、肉，我就特别不高兴，拉下脸就说："你们就吃吧！就为了这三寸不烂之舌就杀生，你们就不给孙子们留点东西吗？"当时我爸爸气得直哆嗦，妈妈也急得直哭，她还安慰我爸爸，"这胡小林着了魔了，老胡，你千万别往心里去，现在年轻人都这德性。大年初一，不让吃肉、不让吃鱼，还数落爸爸妈妈。你别生气，反正吃饭就两个小时，他一会儿就滚蛋，让他回去学他的《弟子规》吧！咱们过咱们的日子。"

我那顿饭也吃得特别不舒服，好不容易过春节跟爸爸妈妈在一起，学了《弟子规》本来应该更容易跟别人相处，让别人更认同我，怎么我学了半天，我的亲爹亲娘都对我那么反感？

本来我每次去爸爸妈妈家之前都特别高兴。但是后来，妈妈家的小阿姨（小保姆）跟我说："大哥，你回来之前先打个电话吧。"

我说："为什么？"

"我们先做做准备。"

"你们做什么准备？"

"你可不知道，你一来就跟日本鬼子进村似的，奶奶就说：'今天中午把冰箱里的东西，那个肉、那个鱼都收起来，可不能招他，这学了佛了，可了不得了。家里那酒，也都拿布给盖上，别让他看见，那都是贪、瞋、痴、慢。'大哥，以后你别突然回来，你稍微提前半个小时打个电话，我们好做做准备。"

　　我听完以后，心里特不是滋味。我把《弟子规》学成这样，给人添多大麻烦！这《弟子规》完全是为自己学的。完全是另外一个自私自利，另外一个贪、瞋、痴、慢，另外一个与人对立的工具和标准。

　　还有一次是中秋节，我带着孩子回去看爸爸。我爸爸跟我说："你学佛，学学就行了，别走火入魔。"

　　我说："我没走火入魔。"

　　"你拿那么多钱出去刻这些盘、印这些经书，你没目的吗？"

　　"我有什么目的？"

　　"你希望所有的人都像你一样走火入魔。"

　　我说："您怎么能这么说话？佛法是好东西。"

　　"你看看现在的寺院里，拉着游客给人算命，什么也没说出来，跟人要一千多块钱，你学佛你让大家都干这个？"

　　我就批评我爸爸，"您千万闭嘴！"

　　"为什么要闭嘴？"

　　"您这是谤佛。"

　　"什么叫谤佛？"

　　"爸，这可不得了，这要下阿鼻地狱。"

　　"什么？什么地狱？"

　　"阿鼻地狱，无间。"

　　"什么叫无间？"

"出了油锅就上铁床，出了铁床就有铁狗追您。"

我爸一拍桌子说："你这个混蛋！我这没死，你就盼我下地狱！"

然后我爸就把我妈叫来，他说："老伴儿，你听听你儿子说什么？说我到地狱下油锅，说从油锅出来就上铁床，你说他们那个佛里面都讲的是什么东西？世界是美好的，历史是前进的，怎么这个佛里面全讲这些乱七八糟的？你说这佛经还能印吗？你说这个光盘还能刻吗？不讲求为人民服务，不克服自己的自私自利，成天拿这个吓唬人！"后来谈得很不愉快，我爸就把我给轰出去了。

之后有一段时间，我跟爸爸的关系一直很紧张。我一回家，老爷子就在他的屋里不出来。我跟小阿姨说："你把爷爷请出来，我回来看爷爷了。"我爸跟小阿姨说："跟他说我躺在铁床上休息呢！怎么着，让我出去下油锅？"

我后来就想，我怎么就是度不了我的爸爸，就不能让他对佛法喜欢，生起信心呢？肯定是我有问题，"行有不得，反求诸己"。

因为你没有智慧，你只要有智慧，任何问题都能圆满解决。智慧从哪里来？从清净心产生。胡小林解决不了如何跟爸爸相处这个问题，肯定是没有智慧，或者智慧不圆满；智慧不圆满，肯定是心不清净。所以，我想这个问题不在我爸爸，一定在我这里。

行有不得，反求诸己
——父亲身边处处道场

惠以真实之利——从念佛机到稻香村

　　我是从二○一○年的七月底回到家里的，当时爸爸的身体越来越不好。他有三大病，一个是眼睛，基本上处于失明状态。这是"文革"中被造反派打的，到了晚年后，眼睛慢慢就什么都看不清了，只能看见模模糊糊的光。另一个是腰，也是在"文革"中被钢棍给打折了。因此，他直不起腰来，走路行动不方便。再有一个就是他在六月份做了一个导尿管，挂了一个塑料袋。做完这个手术之后，他就得了老年狂躁症。因为他是一个非常爱整齐、爱干净的人，是当兵出身，自尊心很强，突然挂上一个尿袋，对他的心理伤害比较大。得了这个病，需要吃一种精神类药物，叫奥氮平。病情严重的时候，每天要吃一片半，只要控制不住就得加量。

　　我回去后，看到父亲确确实实很沮丧，他觉得生活没有希望，也不愿意出去，不愿意见人，好像一下子就老了一大截。再加上父亲的基础病特别多，高血压、心脏病等等，所以是一个很可怜的老人。

因为父亲都已经是八十六岁的人了，我觉得他可能很快就会离开这个世间，所以我想自己应该增加回去的机会，别给自己留遗憾，别给自己留后悔。学了佛、懂了道理，应该孝亲尊师，我差了这一课，我现在修学的道路上，这一课得在他们活着的时候补上。所以，你看，我七月底回家这个安排，全是为了自己，不是为了爸爸妈妈，而是本着一种自私自利的态度，本着一个为自己的目的，回到了家里。

具体安排是这样的：每天上午十点钟从公司离开，到家十点半，给父亲按摩，有时候还要陪父亲看病。因为父亲眼睛不好，要给他念报纸、念文章。然后陪他聊天，一直陪他吃完中午饭，再送老人家上床睡午觉以后我再走，下午两点半左右回到公司。大概一共是四个小时。路上一个小时，在家三个小时。开始是为自己，后来做着做着，就发生了很多变化。

我最初回到家的时候，想着要度众生啊，众生无边誓愿度啊！"大菩萨"回家了，还了得嘛！我想得让老人家得到真实的利益。那最真实的利益是什么？成佛。所以我就从香港带回了一个特别好的便携式念佛机，里面有十一种佛号和经文。看父亲的时候就带着念佛机回家了，到家找了插线板，帮我父亲插上。

"爸，行了，别老看那贪瞋痴慢的电视了。儿子给你拿来一个念佛机，十一种佛号都在里面，好好听听。"

"儿子，这个念佛机我也看不见操作，电视机我就停在新闻频道上。"

"爸，这也不难，就四个字——阿弥陀佛，跟着念啊。这身上的病苦，所有的忧虑烦恼，念佛都能念没。"

"我都八十多了，我从来没念过佛，一念佛我就睡觉。"

"爸，你这是业障。"

"行了，你放这儿吧。"他这是给我面子啊，儿子五十多岁了，外边学佛，回来给带个念佛机。

走之前，我说："爸，您可千万别关，二十四小时佛号不能间断。"

第二天，我回到爸爸家后，问小阿姨，"小易，姨夫听念佛机了吗？""没有，你走了就关了。姨夫说：'我也不懂为什么要念佛，念佛有什么好处也不明白。这胡小林喜欢，他来我就开，他走我就关上。'小林哥，你千万别老给姨夫讲他有业障，他特生气。他说：'我这儿子哪儿是孝敬我啊，纯粹是数落我呢：你这是业障，忏悔吧、改过吧。他不来我挺轻松，我听听电视，关心国家、关心世界。他这一回来，我这两眼也看不见，我就得摸那念佛机给换成佛号，这一天都得麻烦。'"

佛门当中说："菩萨所在之处，令一切众生生欢喜心"。那爸爸妈妈是众生，你所在之处得令他们欢喜。你念佛，也叫人家念佛，人家不欢喜，人家不接受。这个念佛机拿来了，他老人家不听，我这心里就硌硬，就别扭。

后来有一天，我跟爸爸在一起。我说："那念佛机你得听啊。"他说："儿子，我听。你孝敬你爸，你回家来看我，我特高兴，我这个念佛机纯粹是为你听的。只要你高兴，儿子，你让我听多长时间我听多长时间。你让我听大什么悲什么咒，我就听大什么悲什么咒。"所以你看，本来咱们想着让爸爸念佛，是为了爸爸，结果人家最后听念佛机是为了我。你说这境界差得多远啊，人家八十多岁从来没学过佛，只为了胡小林高兴就能做到。谁是菩萨啊？那菩萨所在之处，令众生生欢喜心，我爸爸让我欢喜！

我爸爸最需要的是什么？是念佛机吗？不是。套用《了凡四训》上的一句话说："当其不动念时，孰为念佛机，孰不为念佛机……"

我妹妹大学毕业后就回到了北京，他们两口子一直是跟着我父母在一起生活。有一天，她给我打电话说："哥，我给爸爸买了一个洁身器。就是大便以后，一按旋钮就有热水能给冲干净。你给爸爸做做工作，让爸爸用这个。他节约，觉得又烧热水、又通电，浪费。另外，爸爸眼睛不好，我当女儿的，也不好教。你回家的时候，抓住机会帮助爸爸，教会他用这个机器。"

我爸爸爱干净，大便之后就想洗洗。但他得先提上裤子，再让小阿姨打来水，然后脱了裤子蹲下来洗。他的腰本来就不好，怎么支撑身体呢？眼睛也看不见，闭着眼睛怎么操作呢？

我才发现我妹妹人家看得准，这是老人家最需要的，因为我父亲跟我说过几次这个事。我一回家，他就说，儿子，今天不太好，又拉到裤子里边了，又让小阿姨弄，这真的还不如死了呢！还有些时候跟我说，今天摔倒了，摔倒以后又摁那个铃，让小阿姨把他扶起来。实际上，都是为了大便完了以后洗洗这么一件事。

后来，我爸爸学会用这个以后，觉得特别舒坦。他说："我真高兴，这科技文明真给我带来利益了，我以后大便再也不紧张了，再也不怕不干净了。这个太方便了，坐在这儿就解决这个问题了，温度还可以调，时间长短都没事，特别适合老年人。你老说现在科技文明给人类带来的都是灾难，我看这个科技文明挺好。你看你妹妹——还有你，都挺孝敬的。"

他表扬我妹妹，怕我不好受，把我也捎带上去了。他赞叹科技发展，你说这个时候，我再说科技残害人类，他能接受吗？老人家得了科技的利益了。这个问题很值得人深思，为什么妹妹她能够解决爸爸真实的需要，为什么这个儿子学了传统文化，成天在外边讲感恩与改过，反而看不到这个？回家度爸爸、度家里人，谁度谁啊？我一回去，我爸老感谢我，"儿子，谢谢你回来看我。"谁该谢谁呀？！

还有一件事，我爸爸他老人家前列腺肥大，尿动力不足，小便出不来，所以对他来说，上厕所是一个很大的问题。他说："儿子，我最大的工程就是上厕所了，每天夜里上厕所五次，你说睡得了觉吗？到厕所滴几滴就回来，回来又想去，就又去。"

我说："爸，你念佛吧，念佛就能尿出尿来。"

我爸说："好好，我念……儿子，我念了半个月，怎么还出不来啊？"

我妹妹和老人家住在一起，她看到这种情况，就请来泌尿科主任给老人家会诊，之后把爸爸送到医院做了个尿漏。做了尿漏以后，老人家的体重降了四十斤——那都是身体里排不出来的水分啊。之前腿都是肿的，亮晶晶的，和萝卜一样。这下老人家特别舒心，再也不用为小便一晚上去五次厕所了，再也不用惦记了，晚上睡觉的质量就提高了。

你想他眼睛看不见，腰又不好，要走到卫生间是很困难的事情。躺床上紧张，到厕所解不出来就困了，好几次就睡在马桶上了。

我让爸爸念佛，妹妹找个大夫解决了这个问题。印光老和尚说："看一切人都是菩萨，唯我一人实是凡夫"，真是那么回事啊。

那么，谁是真正学佛的？妹妹。谁是不学佛的？哥哥。在《无量寿经》上，佛说："惠以真实之利"。真实的利益是什么？不是念佛机。"菩萨所在之处，让众生生欢喜心。"念佛机不能让人欢喜，就不能用，而真正能让他欢喜、让他方便的是这个洁身器、这个尿漏。所以，这两件事情对我的教育特别大。

如果我不回家，如果我不跟父母在一起，我怎么能受这个教育？我怎么能够发现身边最亲近的众生，他的需要是什么？我抱着自己的认识、自己的知见、自己的习惯、自己的判断，回到他们那儿，发现不行，还是得回归到佛法当中。

佛说用四摄法接引众生。摄，就是接引的意思，就是帮助的意思。四摄法，就是四种摄受众生、吸引众生学佛的方法。其中的第一条就是布施。我想的是我爸爸要念佛，那是胡小林自己的想法，没把爸爸的痛苦像妹妹一样放在心上。你在布施吗？爸爸不需要念佛机，他现在需要的是解决上厕所的问题，你帮助他了没有？你能帮助他吗？你能。你为什么没想到？为什么妹妹想到了？

念佛机他不欢喜，洁身器他欢喜。你不让他舒服，你不让他得到真实的利益，他怎么能跟着你走？四摄法的第三条是利行，你要有利益他的行为，你要帮他。他最困难的是上厕所，你为他上厕所的困难做出了些什么？

比如，他最想吃的是桃，你给他梨；他最想吃的是米饭，你给他馒头。为什么？因为你有障碍。障碍是什么？我见，我的成见。你没放下我。你要孝，还要顺。你没顺着爸爸妈妈，没顺着爸爸大便这个问题，你能完成孝吗？孝和顺互为因果，彼此不相舍离；天底下没有不孝的顺，也没有不顺的孝。净空老和尚、钟老师都讲得很清楚，你做到了吗？你没做到。没做到怎么办？惭愧。惭愧了怎么办？改。

吸取了念佛机的教训，我想在照顾父亲过程当中真正落实四摄法。四摄法当中讲的布施，就是指常请客、常送礼，让他生欢喜心，他觉得你这个人真可亲可爱，他就愿意跟你学佛。跟你学了佛，他就觉悟了，他就得度了。所以，布施不是解决贪的问题，它是为了让众生生欢喜心，它是在这个层面上的布施。

比如爸爸喜欢吃点心，他自己眼睛看不见，也走不动道儿，所以全是家里的阿姨给他买点心。他这个人从来不愿意给人添麻烦，买什么就吃什么，不喜欢吃的就给阿姨吃。

那么，我该怎么办呢？我知道父亲爱吃北京的"稻香村"，老字号啊。但稻香村有七十多种点心，我哪儿知道老人家爱吃哪种？我从来没跟他一起生活过。那怎么办？这时候你就得拿出研究生的那个水平——弄个本给登记啊。桃酥、酥口乐、蛋黄饼干、华夫饼干，比如今天给我爸买了这四种，各二两，不爱吃，就淘汰，第二天再换四种。

你得学啊，深爱婉容啊！因为你爱爸爸，爱落实在哪儿？落实在念佛机上，他不感兴趣，他不需要。他需要的是什么？他容易饿，没到吃饭的点儿，他就饿了，这时候他希望随手就能抓点自己喜欢吃的东西，这是他最需要的。你能不能为了爸爸忘掉你的观点、你的习惯、你的喜好，真正地满足他老人家的要求？

所以还是要孝顺。孝是因，顺是果；顺是手段，孝是目的。这两个字不简单，因果全在里面了，有方法、有理论、有境界。真正把这两个字琢磨透了、学会了，那就是三藏十二部。释迦牟尼佛四十九年讲经说法，没讲别的，就是孝顺。事上要顺，心上要孝；有精神、有物质，有方法、有目的，有因、有果。

所以，对稻香村的点心就排查吧。我们在公司做项目也有排查。比如我们做壁挂炉，哪些项目用壁挂炉？我们制订排查的表——项目情况表，项目叫什么名称，在北京什么位置，大概多少建筑面积，分几期完成，用什么样的供暖方式，股东的构成……所以，公司在我的领导下，有一个详细的项目排查系统。

我以前觉得正是因为这些系统，因为我聪明，能设计这套系统，我才挣到了钱。我不认为那是命里带来的。那么，目的呢？佛法不论事，论心。你小子设计这么好的系统，为什么？为了挣钱，为了满足自己的自私自利。

今天到稻香村去给爸爸排查点心，同样采用这种方法，登记造册，甚至怕忘了，还拿手机把这点心拍下来。我认认真真地把公司的业务放下，回到父亲的身边，因为他爱吃稻香村。他说他年轻的时候曾经吃过一个枣泥类的什么东西，但是不知道叫什么名字，连形状都形容不出来了，你说这玩意儿怎么找？

但是，好歹老父亲还给你说了"稻香村"这三个字，要没有这三个字你怎么办？那不是大海捞针吗？孝心在哪儿体现出来？就在这大海捞针里面。难能可贵，正是因为不容易，所以这才可贵。你给五万块钱这容易，那叫孝吗？那不叫孝。

佛法不论钱，不论房子，不论多少建筑面积，不论多少金子、多少银子，佛法论存心。所以，在稻香村排查点心的过程中，就是落实佛说的四摄法，就是布施，让众生生欢喜心。

他爱吃枣泥，枣泥的点心就有十几种，然后慢慢地就固定下来。固定下来以后，发现爸爸最喜欢吃四种点心，软硬合适、大小合适、甜酸合适。回家的时候，就经常打开柜子看看，老人家这个点心缺了，就买个二两。花不了多少钱，每次就是十几块钱、二十几块钱。有心在这儿，这是老人家最高兴的。

这个我是从哪儿学的？就是从我妹妹那个洁身器的事情上学的。不能给老人家念佛机，因为念佛机是为胡小林给的，不是为爸爸妈妈给的，爸爸妈妈今天最需要的不是这个东西。爸爸最需要的是洁身器，大便后干净了、方便了；最需要的是他饿的时候，能不能随手抓到爱吃的东西。

我把这个点心给老人家配好了，他特别爱吃，而且很感动。他跟我妹妹说："你看你哥那么忙，他这么玩命儿，稻香村一趟一趟地去往回拿，去给换。我都说算了吧，儿子，我没那么挑剔，战争年代过来的，有点就行……"这是老人家那么说，咱可不能那么做，咱是学佛的，得把这个事做究竟、做圆满，做到无一遗漏。

我心里是怎么想的？我心里想的是，第一要孝养父母，报父母的养育之恩。第二就是要做好样子，让别人对学佛的人佩服。这个佩服，不是为了佩服你，是为了佩服佛法。这么一个粗心大意、自私自利的儿子，怎么今天能够在这个点心上，这么翻来覆去、这么较真，拿着笔、拿着点心、拿着手机，又照相、又排查？然后又写上名字，自己先尝。要放在平时，点心里边有黄油、有鸡蛋，这都是我不吃的。

净空老和尚说：为众生做错了都是对的，为自己做对了都是错的。你这口鸡蛋、这口黄油、这口奶粉，是为爸爸吃的，这是功德。你不吃鸡蛋、不吃黄油，你是自私自利，你不仅不是佛法，你还是魔法。你不仅去不了西方，你还堕地狱。我跟父亲生活的这几个月，就是对自己实实在在的考验。

所以，佛说跟众生打交道的四种方法，第一就是布施。女孩子喜欢红颜色的布，你别给人家买蓝颜色的；朋友喜欢抽三五牌香烟，你别给他买中华……布施，众生就生欢喜心，咱们中国老话说，伸手不打送礼人，礼多人不怪。这个礼，就是这里说的布施。

体父之疾苦对治分别心——从豆腐乳到小便

从七月底回家之后，我每天陪父亲吃饭。在吃饭的过程中也发生了一些事情，就像扇了大嘴巴一样把我扇醒。

中午我陪老人家吃饭，老人家特别爱吃酱豆腐，就是豆腐乳。豆腐乳咸，他不可能一块都夹起来放嘴里，得拿筷子慢慢地切一点放嘴里，就着汤，就着馒头，或者就着米饭吃。他那个眼神儿，毛衣扣都系错了，他能切那个酱豆腐，能夹那个酱豆腐吗？那可是细活儿。

原来我没回家之前，小阿姨就切一点放在爸爸的盘子旁边，老人家稀里糊涂地扒到什么就吃什么，可能一下子就拨进去了。再想吃怎么办？小阿姨不上桌吃饭，再想吃得叫她来再给夹点豆腐乳。我父亲这个人又特别不愿意给人添麻烦，所以他也就不吃了。

我回去一看，父亲爱吃豆腐乳，我就给他夹。咱们这一身坏毛病，还得用公筷。我说："爸，我给你弄点吧。"我就给他夹了点，就放在他碗边。他呢，又找不到这个位置，儿子到底抹在哪儿了，喝三口粥都找不到酱豆腐！

我说："爸，在这儿。"我帮他转转碗。

"儿子，别给我弄了。"

我不耐烦了，我说："爸，在这儿！"

"儿子，没事，我不吃酱豆腐也可以，我吃点别的，你别忙活我了，你都忙一天了，挺累的。"

你这个烦他有感觉，你不爱他，你没有设身处地地为他着想。爱心感爱心，怨心感怨心，他能从你的口气当中听出来："爸爸又怎么了？"你看这口气，带着钩，这话里头的意思是："行了，差不多就可以了！"不耐烦。这就是我回去后经常用的语言。

我爸以后就不要酱豆腐了，他觉得儿子回来好不容易吃次饭，我这儿吃酱豆腐老夹不起来；他帮忙，我也找不着，找不着儿子就着急，儿子一着急，这顿饭你说还怎么吃？

有一天，我这么做完以后回自己家。晚上，我跟我的小儿子在餐桌上吃饭，我家也有酱豆腐，因为我也爱吃。我突然想起来这个事，我说："儿子，咱俩闭着眼睛，看看谁能夹起这块酱豆腐。"结果，我们俩真的夹不起来，我的眼泪就下来了。我的爸爸是在这样一种状态下吃饭，你体会瞎眼人的状态了吗？没有体会。我不仅不帮他，我还不耐烦。这是学佛的吗？所以，第二天再回去，我就说："行了，爸。从今天开始，这个酱豆腐我来喂您，您别夹了。"

酱豆腐的故事到这里还没完。酱豆腐夹起来了，我就抹在爸爸的筷子上——让他用筷子弄，麻烦！你想这个酱豆腐本来就一个火柴头那么大，你抹上去又抹下来得半天。我说得了，干脆直接就送到我爸的嘴里了，送进去之后我爸特高兴。但是，我这双筷子再夹菜放到自己嘴里的时候，我就觉得硌硬，这是我爸爸用过的筷子。

我一下子就特别警觉、特别惭愧，怎么我的筷子我爸爸用过，我都嫌脏，我都恶心？您还想去西方？玩儿去吧，没你的份儿！父母是怎么把你带大的？你今天回到家照顾父母，您这才哪儿到哪儿？您这刚回来，给父母喂了一口酱豆腐，你就这么嫌弃他。

我要不回家做所谓的"孝养父母"，我知道自己的境界不行吗？不知道。谁教育谁？是爸爸教育我！咱们学佛的知道，他做这种示现，那就是因为你不孝敬的这颗心感召来的，你缺这一门课。他在你面前示现这么一个样子，让你通过身体力行，通过你跟他的相处，把这一课给补上。但你胡小林不仅不惭愧，不仅不感恩，你还嫌弃，你怎么能是佛弟子！换句话说，佛弟子有你这样的吗？我念一万声佛号，我念一千遍《无量寿经》，有用吗？那是为自己念。爸爸用过的筷子你都不能放到嘴里，你有多大的分别，你有多大的执著！你侈谈感恩，你侈谈诚敬，你想得到佛菩萨的利益？你想看懂经教上说什么——癞蛤蟆想吃天鹅肉，不可能，你与经教不相应。

所以我就对治，就天天给爸爸用筷子喂菜。那就不仅喂酱豆腐了，我逮到什么菜就给他往嘴里放，他咽得越深我越高兴，我拿出来后连饭我都不夹。我原来是怎么样做的？弄完酱豆腐，我把筷子放到汤里涮一涮我再用，没那么直接。

现在不了，从他嘴里出来我就放到自己嘴里头，体会体会，有什么了不起的。发现没什么，没什么异味，跟平常一样。我慢慢体会净空老和尚经常说的，世界上本无差别，万法平等，是我们看错了、想错了、说错了。北京的臭豆腐多臭，你胡小林能往嘴里放，你爸爸的筷子你不能往嘴里放，为什么？因为你认为臭豆腐是香的，"一切法由心想生"，"境随心转"。

要锻炼！只有这样我才知道自己不行，功夫不得力，有分别心，有执著。知道不行了吧？回公司还敢跟员工发脾气吗？还觉得自己是研究生毕业，是大老板，我这一年挣多少钱，法布施多少钱，财布施多少钱，有多了不得了吗？这几年我施了几千万，怎么着？一个酱豆腐不就把你给打倒了嘛！了无功德。

能拿筷子给爸爸喂饭了，爸爸吃饭的效率提高很多，而且他很欢喜跟我吃饭，因为他方便。你想我平常不回家，妹妹、妹夫在外面上班，妈妈中午也不回来，就他跟两个小阿姨。小阿姨又不上桌，就他一个人在那吃饭，你说谁照顾他吃饭。所以我每天中午，甭管有什么应酬我全推掉，这个是雷打不动；十点离开办公室，十点半赶回家，一定陪爸爸。第一，一个小时的按摩；第二，陪爸爸吃饭；第三，照顾老人家睡午觉；然后我再走。

感谢爸爸，他老人家要是看得见，我能有机会上这一课吗？所以，这种感恩的心就出来了，是他在教我。他多痛苦，他用他的瞎眼来教我，来做一种示现，给我提供一个教学和受教的平台。怎么感谢爸爸？从小把你拉巴大，到今天临终前还用瞎眼来教育你，帮助你提高境界，怎么感这个恩？胡小林不拿出真实的修学功德，怎么对得起他老人家？"一子成佛，九祖生天"，我们只有自己断恶修善、成圣成贤，爸爸妈妈才能得到最真实的利益。

打那以后，我明白了，孝养父母最好的办法就是成就自己。所以每当我想犯贪瞋痴慢、每当有五欲六尘诱惑的时候，我就想起我那瞎眼的父亲。他在教育我，他在他生命最后这段时间对他的儿子还不离不弃，你还好意思吗？天理能容吗？不行，不能这样做了。

孝，能帮人断恶，德之本也。因为咱们学了佛，咱懂得这个道理。爸爸的状况是你的依报，你缺德，爸爸眼睛才不好；你小子福薄，爸爸眼睛才瞎。你为什么福薄？就是因为自私自利，那酱豆腐的筷子你都放不进去，你说你不福薄吗——连爸爸都不能包容！所以，我慢慢从爸爸身上品、琢磨。我不去寺院，也不主张给父亲立牌位，我关了门好好修。

为什么？我是爸爸带到这个世界上来的，我要造恶，这个恶因是爸爸种的；我要利益一方众生，这个福也是爸爸种的因，我爸爸有这个善因，他一定能得善报。如果我一边烧着香、磕着头，一边造恶，而这个恶是我爸爸带来的，那我爸爸能享福吗？没有我爸爸，我在世界上造不了恶，所以我爸爸是因，我造恶是果，这个恶是我爸爸带来的，那他就没福了。

你要想让你爸爸有福，你就别造恶。因为你跟你爸爸是"孝"的关系，上边是"老"字的上半部，下边是儿子的"子"，一体的，捆在一起的。一荣俱荣、一损俱损，一即一切、一切即一。你好，爸爸就好；你不好，爸爸就不好。这跟你磕头不磕头没关系。明白这道理了，就想爸爸这么可怜、这么痛苦，还在教育我，我还造恶，于心何忍！

另一点，诚敬心出来了。原来对爸爸是可怜、怜悯：老人家不容易，受苦一辈子，"文化大革命"中遭了这么大的冲击，到老了眼睛也看不见，腿也走不动。但是，没有恭敬心。因为我认为他不学佛，我认为他说不出圣贤教育这些道理，我只是同情他。

经过酱豆腐的事以后，我才慢慢生起了诚敬心。爸爸，那是菩萨，来度我的，我跟他在一起，我得到了真实的利益。在净空老法师那儿，我得到真实的利益；爸爸这儿，我得到真实的利益，那你能不感恩吗？你能没有诚敬吗？

在回家孝养父母的时候，一定要好好地品每一件事情——用《了凡四训》、用《弟子规》、用佛法，把爸爸看成菩萨，把妈妈看成菩萨，他是怎么教育你的，你通过这个教育得到了多大的利益。如果你是一个善学的人，你是个直下承当的人，你自然就能从爸爸妈妈身边学到佛法，提高境界。那时候你对爸爸妈妈那种诚敬、那种感恩才是真实的。

不是说因为你给了我一个血肉之躯，你把我一把屎一把尿拉巴大了，——那叫情执，那不是法缘，那是情缘。你把爸爸妈妈看成是菩萨，来教育你这个凡夫，你通过他们提高了境界；你修学没有地方让你历事炼心，爸爸妈妈用他们的老年，用他们不健康的身体，用他们的麻烦，用他们的痛苦来成就你，当你提高到这种境界的时候，不得感恩吗？天底下还有哪些人愿意这样受苦来成就你？有第二个吗？没有。

所以，佛才让我们孝养父母，净空老和尚说孝是根中根，《孝经》说"夫孝，德之本也，教之所由生也"，为什么？父母最愿意为孩子们示现病、示现死、示现老。还有谁愿意在你面前给你上这样的课？没有了。

印光老和尚说一个"死"字挂在心头，挂在脑门上，你念佛就恳切了，念佛功夫就得力了。我就是看我父亲这个样子，我就得念佛。我怎么想的？我跟我父亲差三十岁，他一九二五年生，我一九五五年生，一万多天。一万多天以后的胡小林就是这个样。你还放荡、你还放逸，你还不赶快修福？预知时至，身无病苦，你做得到吗？当你像你父亲这样地痛苦，你能保证念佛的心不退吗？你能保证你不受干扰吗？要警钟长鸣。

还有一件事。爸爸的眼睛不好，看不见小阿姨给他盛的饭有多少，所以盛多了他就多吃，盛少了就少吃。而且因为牙口不好，他常用鱼汤拌饭。他是个特别节约的人，又是个特别爱干净的人，老人家当兵的出身，吃完饭以后都得把桌上这些菜根、糖蒜皮、嚼过的虾皮扒拉到碗里头。

有一天吃饭的时候，他跟小阿姨不高兴了。他说："你看你们老盛饭盛那么多，我吃又吃不下，剩在这儿怎么办？多浪费，种粮食多么不容易！"

我说："爸，没事，我吃。"

"算了吧，你别吃了，你好不容易回到家来吃一顿饭，你又不吃荤的，这黄花鱼汤你吃得了吗？"

当时我爸看不见，我是真嗑牙花子，因为我爸把那个糖蒜皮跟虾皮都拨到碗里头了。我当时想，考验胡小林的时候到了，你小子喂酱豆腐可以了，这个虾皮、糖蒜皮、黄花鱼汤泡的饭，你能吃下去吗？跟诸位同修说，我是捏着鼻子吃下去的，根本就没通过嘴，"呼噜"就吞到嗓子眼了。我说："爸，我都吃完了。""儿子，真好。"

那虾皮是我爸爸嚼过的，我咽的时候真咽不下去。别人嚼过的东西，又到我嘴里，不行，还是不行。回去就忏悔，你怎么今天还那么大的分别心？"万法不生，万法不灭"，"凡所有相，皆是虚妄"，你平时说起来这嘴皮子溜得没法再溜了，怎么一到这黄花鱼汤泡的剩饭就不行了？吃素四年了，为谁吃的？为自己吃的。一到境界现前，狐狸尾巴就露出来了。

打那以后，我有时候在外面请客时就买炸小虾——我爸特别爱吃炸虾，第二天中午我就给我爸带上。我买炸虾其实是为什么？一个是因为我爸爱吃虾，第二我是等着虾皮，我看自己能不能嚼，一直要把自己练到没有这种分别心，没有这种执著心而后已。还有糖蒜皮，我父亲特爱吃糖蒜。你说咱学佛的人不吃蒜，糖蒜皮他将出来放在他的碗里头，我再把这糖蒜皮放到我嘴里，我再嚼。后来觉得没什么了，为什么？自己战胜自己了。

原来分别，现在不分别了；原来恶心，现在不恶心

48

了；原来皱眉头，现在不皱眉头了。所以我回家陪爸爸吃饭，我有一个动力，就是吃他老人家的剩饭剩菜。一直吃到我父亲过世，真能吃，什么都无所谓。到后来，不仅父亲的剩饭能吃，连小阿姨进厨房给我爸添饭，她碗里剩的饭粒，我都拿起来扒拉扒拉，倒点茶水涮涮送进去。有什么？什么都没有！

心里喜悦，原来过不了这关，现在过了，修学的境界有提高。这种提高给我带来巨大的安慰和鼓励。行，佛菩萨不骗人，修行得靠个人。只要真干就能走出一条路，关键是干不干。你要真干，真行！

有一天，小阿姨跟我说，大哥，那天姨夫掉眼泪了。我和他说，姨夫，您每次的剩饭都是大哥吃的，他都没告诉你。什么能嚼的，只要能咽下肚子，除了鸡骨头不行，什么鸡皮呀，什么带鱼呀，炸酥的带鱼他都嚼了。我爸说，为什么呀？他说他自己没德行，他要看看自己到底能不能不再有这个分别心。他说我连我亲爹都嫌脏，我还能不嫌谁脏。老人家就掉眼泪了，他说我儿子是真想做一个变化，看来他不是假的。他虽然现在没变，但是他的目标是正确的，他有这个意思。

我妈有些时候中午回来吃，她也看到了我吃剩饭。她对我爸说："丕林，你知道吗？你儿子帮你吃剩饭！""我知道，我儿子现在有境界，人家想法跟咱不一样，人家要成佛成祖度众生，他连剩饭都吃不下去，他怎么帮助别人？"你看，老人家明白。

我得给我爸磕头，不是他老人家的教育，我怎么可能有这种境界？

如果我们不回去，我们不来到父母的身边，我们怎么找到这么好的提高境界的修学机会？我们怎么知道我们卡在什么地方？我们再回过头来看祖师大德跟我们说的孝养父母、敦伦尽分、爱敬存心，一分诚敬得一分利益，不是吗？所以，我才回到爸爸那儿的时候，一看自己这个境界——西方极乐世界？你痴人说梦！你过不了这一关，你在办公室一天念七个小时的佛，念两万声佛号，喊破喉咙也无用！

前面说了我爸爸用了尿漏，那就得倒尿，到一定的毫升数你得把尿袋打开倒掉。我七月底刚回家照顾爸爸的时候，看到需要倒尿了，就找小阿姨。"来，给姨夫倒尿。"我不干，我让小阿姨干。小阿姨乐呵呵地说："姨夫，该接尿了。"她就拿一个尿盆进来，把那个尿接出去。有些时候，因为那管子甩不干净，尿就弄到小阿姨的手上，她就随手往身上一擦。

我一看："乖乖！这尿都到手上了，这要是我……我行吗？我能做到人家小阿姨这样吗？为什么让阿姨干，我当儿子的就不能倒这个尿呢？该试试吧。你摸摸爸爸的尿什么样，你敢摸吗？……算了，这么大岁数了，成佛也不一定非得摸尿啊，那是小阿姨没办法。"看，不如人家小保姆的境界！接完尿滴在地上，有时候她就拿手一抹，往身上一擦。当然是不卫生了。什么叫卫生？什么叫不卫生？小保姆，那是菩萨！那我也试试吧。

后来，我回到家，听到小保姆说："姨夫，该接尿了。"我说："你别管，我来，把那尿盆放那儿。"

我爸说："儿子，算了，你让她们弄吧，你这忙一天了来看看我，我已经很安慰了。这点儿活不用你干，她们能干。"

"爸，不是为她们干，不是为您干，是为我干。我有这种分别心，我嫌这尿脏。"

我爸说："尿是脏。"

"爸，尿不脏。"

"你这不是胡说八道吗？尿怎么能不脏？"

"爸爸，脏都是人的内心脏，所以尿才脏，内心干净，它就是甘露。爸，那我就开始给您接尿了。"

"接吧。"

接完尿到最后收口的时候，上面有残留的一点尿液，赶快拿张纸巾，把那口擦擦再放进去，没敢把那尿往手上抹。完了，今天又失败了，这考试又不及格。在尿的面前还有分别，觉得恶心。现在喂酱豆腐行了，吃剩饭可以了，尿还不行。修学是一步一步的，程度也在不断地加深。

有一天，倒完了尿，接口上还有几滴，我就用手抹了一下，抹了以后赶快就到卫生间拿肥皂洗了。行，今天不错，摸了小便了，境界有提高，这一天别提过得多愉快了，都可以不念《无量寿经》了。因为念《无量寿经》的目的是提高境界，今天我摸了这个尿，我的境界有提高。不错，今天的功课完成了。

但是，这洗手还是因为觉得小便沾到手上硌硬，原来我没有吃饭前洗手的习惯。我给爸爸倒完尿，立刻就想，得洗一下手。这个洗手是为了照顾爸爸妈妈吗？是为了恭敬吗？不是，是嫌爸爸脏，觉得尿恶心。

所以有一天中午，我给爸爸接完尿以后，剩了一点儿尿倒进小塑料盒里。我心里说："佛菩萨在上，今天弟子我一定要把这杯尿喝下去，证明我有出息，我真想学佛，我真想成祖，我真想去西方！"我在卫生间里祈请完了，就看着这个尿，拿起一个杯子，对着尿舀了一下，"咕咚"一下就给喝下去了。喝下后觉得没什么，比那白酒好喝多了，就跟茶水一样的。尿不臊吗？那啤酒也臊。尿里面有沉淀物，你喝茶不是也有沉淀物吗？不是像我们想象的那样很恶心、很臭、很脏。这时才真正明白净空老和尚说的，实际上是我们想错了、说错了、做错了，其实没有分别，比北京的臭豆腐好吃多了。

我喝完尿，就给净空老法师发了个短信。我说："从香港回京后，在照顾父亲时，又进一步克服分别心。……我自己现在的体会，一是，法喜充满，有战胜烦恼的轻松与喜悦。二是，顿时明白了师父常说的'学佛没有别的，放下而已。'等我真尝了，其实不是像我们想的那样，体会了师父常说的'我们想错了，说错了，做错了'的真实含义。三是，通过这几次的对治烦恼，觉得自己更有信心了。四是，自己突然变得更谦虚，更有自控能力了。总之，体会太多太多了，不能详述。请问师父，这样做如法吗？我做后的感觉对吗？"老法师给我回短信："正确。如法。希望能进一步做到放下与人、事、物的对立与分别。"

从心里头放弃跟一切人、事、物的对立。这个小便就是事，你对立吗？对立。不行，你嫌它脏，你不能接受，不能接受问题就出在你这儿了，你有分别心，你有执著心，那你能成就吗？克服了这个障碍，你就能去西方吗？未必，但是道心得有。

那怎么才能去西方？什么是去西方的充分条件——我只要做到了我就能去？信、愿、行。做到了就去了，做不到就去不了。对父母不孝敬，你说你信有西方存在，你是真信吗？不真信。对父母不孝敬，有这么大的分别心，你愿意去西方？你在这个世界上，还有放不下的这些种种分别和执著，说明你不愿意去。

佛说我们有见思烦恼。思就是贪瞋痴慢，见呢，就是观点。我们认为尿脏，这是成见；我们认为大便脏，也是成见。这些成见——不正确的见，必须得克服掉。

所以当我尝试了这个之后，我觉得一下子豁然开朗了，真的觉得没什么嘛。怎么这么如临大敌、谈虎色变呢？这一下子境界提高好大一块呀。原来吃菜嫌做咸了，米饭嫌蒸软了，馒头嫌硬了，喝完小便之后再也不计较这个了，这算什么？小便我都能喝下去，这点儿事我还会计较吗？

随缘妙用——从洗脚到按摩

我刚回家的时候，我父亲老轰我走："儿子，回去吧。我没事，挺好的，你别惦记着，做生意挺忙。"我说："爸，不行，我来种福田来了，佛说了，孝养父母是恩田，恩田种东西才能长东西，我要是不来那我以后怎么发财？我怎么修菩提心？"

后来，我妈妈告诉我说，你爸爸为什么轰你走，因为他要面子，觉得帮不了孩子已经很内疚了，现在还老扯孩子的后腿。他心里想的是：自己瞎了，走不动道了，儿子来看我，我不行了。谁都不愿意承认自己是个失败者，特别是这些不学佛法的人，他不接受老了这个现实。

我这边表现又很生硬，就想着是回去给爸爸尽尽孝道。爸爸就推辞说："谢谢你，儿子，你孝道已经圆满了，回去吧。"为什么呢？你是假的，他能体会出来，他跟你有隔阂。你是为自己来孝养爸爸妈妈的，你不是为老人家回来的。

当时我就老想帮他洗脚，因为咱们学了《弟子规》不是老说洗脚、鞠躬、磕头嘛。有一天，我说："爸，我给您洗脚吧！"

他说："哎哟，儿子，你千万别，这是咱们家小阿姨的事情。你又不知道东西放在哪儿，什么袜子、拖鞋的。"我们家小阿姨每周给爸爸洗三次脚。"我都是晚上洗脚，儿子，我中午从来不洗脚，咱们坐着聊天就挺好！"

"爸，您看我这就差这一课了。爸爸，您就为了我，也让我给您洗一次脚吧！"

"我说，儿子，你洗脚到底是为我呀，还是为你自己？"

"爸爸，为您就是为我，为我就是为您。"

"何苦呢？儿子，这脚是为你洗的，我受不了，你摸我脚我自尊心受不了。"

我就强迫他，非要给他洗，把水都端来了。

他说："儿子，你这样我特难受，我血压都高了，我心脏跳得特厉害，我求求你别给我洗了。"

这样子未必是福！你这脚没洗完，老爷子就得打119了。

你想我十岁离开父亲，那是四十多年前的事了，那个时候对父亲的肌肤之爱，我也记不住了，他也记不住了。四十多年过去了，回去你就摸人家的敏感部位，让人家脱了鞋，你给人家洗脚。怎么可能呢？

我一看给父亲洗脚不行啊，咱学传统文化学的这几招不灵啊。穿唐装，父亲也看不见，那就给父亲鞠躬吧。当时我学习了李越老师的《礼仪在人际关系中的应用》。回到家里，我就说："爸，今儿我得给您鞠个躬，我从来没给人鞠过躬，这次要给您鞠躬。"

我爸说："我腰不好，算了，我站不起来。"

我说："爸，您就为了我，您也得站起来，您得让我落实《弟子规》。师父说了，得真干。"

"那我该怎么做？"

"您站起来扶着板凳，我给您鞠躬，三个躬。"

"爸，我给您鞠躬了！"我这躬一鞠下去，给我爸吓一跳，差点没摔倒。

"哎哟，儿子，你鞠躬了？行，挺好，在哪儿鞠的呀？"

"在您对面呢！"

"儿子，就一个吧！你时间太长了我受不了。就到这，就到这吧！你的功课完了吗？"

"还差俩。"

"那下次、下次……"

爸爸过生日的时候，我说："爸，给您磕一个！"

"哦，磕完了？"

"咚！"

"听见声音了没有？"

"听见了，儿子，听见了，磕了，磕了，挺好！"我爸说："你看你一磕头我就紧张，儿子，给我拿点硝酸甘油吧，浑身受不了啊！给我磕头，我们参加了革命，反封建、反地主阶级，你弄这磕头净是封建的东西。"

这个头是为谁磕的？也是为自己。洗脚是自己的意思，父亲在今天这个阶段，不接受这样一种近距离的接触。脚，谁都不愿意让人碰，你跟他的感情没有交到那份儿上，他怎么可以让你动那么敏感的地方？他本身就觉得脏，觉得这是个下贱的地方。你坐奔驰，当老板，五十五岁了，你突然要帮他洗脚，他跟你没有这种感觉。

后来，我跟净空老和尚交流。他说："小林，要随缘。"那我的做法就是不随缘。打个比方，棉被是菩萨，电热毯是凡夫。棉被盖在冰柜上它能保冷，盖在热水袋上它能保温，它随你。你热，它给你保热；你冷，它给你保冷。电热毯呢？就像凡夫。哼，你爱热不热，你爱冷不冷，拨到几挡就是几挡。你说我这太热了，对不起就这么热；你说太冷，你能给我拨到四挡吗？对不起，就三挡。菩萨是"随众生心，应所知量"，凡夫是随自己的心，应自己的量。所以，谁说生活不是佛法？处处都是开悟之处。

就这样，洗脚、磕头，这可称得上殷勤了，十八般武艺全试过了，不灵啊！我就觉得这家伙真难，就开始烦了。在公司我要磕头，谁能拦着我呀？我在公司说一不二啊；到了餐厅，那服务员对我也得尊重啊，让她来杯热茶，她肯定不能给我矿泉水，我说什么是什么。

所以，佛为什么说净业三福要从孝敬父母开始？他不管你是什么老板，什么研究生毕业，你是他儿子，这一点就够了。为什么？因为他不会像别人那样有利益地尊重你。他是你的父亲，你是他的孩子，他对你居高临下，你看这种感觉，你上哪儿找得到啊？

《了凡四训》上说，善有十种，第四种叫作"爱敬存心"。了凡先生说："在家而奉侍父母，使深爱婉容，柔声下气，习以成性，便是和气格天之本。"什么意思？在爸爸面前你不得柔声吗？你能像对待员工似的："会吃亏吗，你？会吃亏，那行，在本公司能找到工作！"对爸爸能这样吗？"爸，洗脚！脱下袜子来！""儿子要给您鞠躬，您站好了！"你能这么说吗？不行，你得求他呀。

你要柔声下气，下气是什么意思？你得谦卑。"爸，您看您老人家腿都是肿的，走不动道儿，我给您泡泡、揉揉？"这是下气，低声下气，你得把自己放低呀。爸爸面前你想逞狂吗？逞狂，你就回去吧。"儿子，不用了，你孝道已经圆满了。"你狂，你老说，"爸，差不多了，这岁数，该学点佛了。"你这是什么话？就这人家能不让你回去吗？人家就不觉得别扭吗？你说的话不是人家的心里话，人家想听的不是这个，这是你想听的。

人家是怎么想的？没你这少爷我在家挺好，你这一来，好嘛，成什么了，成军代表了。你到我这指挥来了，让我这个，让我那个，真是不舒服。我几十年都这么过来了，你今天到我这儿要改变我的生活习惯，凭什么？背后的道理是什么？我觉得你也没好到哪儿去呀。你宣传文化你得什么利益了？你得的这些利益跟你爸爸有什么关系？

后来，我想不能逼老人家，我还是应该等待机会吧，随缘妙用。要随他的缘，你按自己的意思来，那叫攀缘；老人家自己主动提出来的，这叫随缘。有一天，吃完午饭，爸爸坐在客厅，我就跟他在一起坐着。他突然说："儿子，昨天这个左肩膀，被窗户外进来的风给吹着了，挺疼的，我怎么今天转头转不过来，你帮我弄弄。"

在那一刻我才体会到，你要被人家接受，问题不在别人，是你自己要放下，你自己要做一个变化。爸爸还是原来的爸爸，他为什么接受你？为什么以前不接受你？《了凡四训》上说，皆是己之德未修，感未至，自己的德行没修到那份儿上，自己的感化没做到那份儿上。

他能张开口，说明通过一个月的相处，有了感情，他能接受我了。我心想，好，机会来了，这可是您让我弄的，对不对？这可不是我要求的。您要求我帮您弄肩膀，那咱就别含糊，就得把这件事办好。

父亲让我按摩，我很高兴，买了按摩的书，和朋友找好穴位，认认真真地做。就这点儿风水宝地了：洗脚不行，磕头看不见，鞠躬不同意，你穿唐装他还不明白什么意思，念佛机他也不接受，现在让你按摩了。捞着这根稻草，咱就把这事情做圆满。

那到底是看经，还是看穴位的书？"利人者公，公则为真；利己者私，私则为假。"你这部经为自己看的，白看，祖师大德、佛菩萨在经里写的你看不懂，因为那是为自己。那你看这个介绍穴位的书，这就是佛法，什么叫佛法？为别人。没有自己，放下自己，这就是佛法，所以那个讲解按摩穴位的书就是佛经。按摩就是《弟子规》，按摩就是孝养父母，按摩就是三藏十二部，四十九年一代经教。把它做好，你只要一门深入，一定能干好。

既然老爷子说这个肩膀疼，我就帮他好好地弄肩膀。我也是初来乍到，没学过这东西，还买点松节油给老人家擦上，然后给他按摩，之后再弄个热毛巾给他敷一下。老人家特别满意，说真舒服，舒服极了。

后来，我爸爸就经常让我按摩。他说："儿子，你这按摩真舒服，我原来这脖子都转不动。"你想他天天坐在那儿看电视不运动，腿脚又不利落，可不是转不动嘛。我给他捯的时候，那脖子都是硬的，就和木板似的。我就拿胳膊肘，用手肘、用大拇指给他推，推得我手都抽筋。得努力呀！

他就说："儿子，你看你给我弄完以后都可以转三十度了，都可以转到肩膀这来了。原来一动脖子就嘎啦嘎啦响，还麻麻扎扎的，现在特顺。儿子，你是跟哪儿学的？"

"这不是跟哪儿学的，就是跟书上学的。"

"你哪儿有时间弄这个？"

"这不是为您吗？您不是不让我洗脚吗？我只好按摩了。您让我弄什么我就弄什么，这样您不是舒服吗？佛说了随缘，爸，您不让弄脚，咱坚决不弄，不能让您不舒服。菩萨所在之处，令众生生欢喜心。"

"行，那今儿中午你就吃个鸡翅膀。"

"爸，这是怎么个意思？"

"你那么辛苦帮我按摩，我觉得鸡翅膀特好吃，咱们家做的鸡翅膀可以在外边卖。"

我说："爸，我吃素了，您知道吗？"

"别说那个，佛也有吃肉的时候，那西藏的佛不都吃肉吗？你要吃鸡翅膀我就高兴，你要不吃鸡翅膀我就生气，说明你跟我不是一条心。咱家的饭有些你吃、有些你不吃，我觉得很别扭、有隔阂。"

我不吃肉都四年了。

这时，我就想起老法师跟我说，这肉要是为众生吃，那就是功德；你要是为自己不吃肉，那就是自私自利。我说："爸，您只要高兴，您甭说让我吃肉，您让我喝硫酸我都喝。"然后我就吃了，吃了以后那个恶心啊，多少年不吃这东西了，这不是挑战吗？

　　谁能这么要求你吃肉？一般同事犯不上，朋友犯不上，客户犯不上，你的下级也犯不上。那你跟父亲在一起，他跟你说话就随便，他想说什么就说什么。你在父亲面前你就是个孩子，你永远是个孩子，他在你面前说话不考虑你的什么感受、你的什么尊严，你就是孩子。这么多年，你想大人跟小孩说话，他怎么能够把你放在一个平等的地位上？所以，他不管你是什么董事长，他也不管你挣多少钱，也不管你学不学佛，他就说你吃吃这个，特别好吃，你尝尝。

　　刚开始我还生气。我心想，爸，差不多就得了。我这么辛苦来看您，又给您按摩，是不是？怎么我的信仰您就这么不尊重？您给我一点儿面子啊。你们觉得是好东西的我就得听，我就得看，那我觉得是好东西的，你们怎么就不尊重？这就是对立。菩萨哪有自己？这不就是我执吗？

　　你说你不回家照顾父亲，你不跟他同桌吃饭，你怎么会遇到父亲给你出的这个考题？他让你吃鸡翅膀，又说今天这鱼汤不错，那鱼是先煎了然后再炖的，像牛奶一样。你听着都觉得恶心，不愿意吃，但是不吃行吗？不吃是为自己，吃是为爸爸。这都是在照顾父亲的过程当中一些很细节的事情，能不能放下这个吃素，能不能为老人家把这个鸡翅膀像演戏一样吃下去，能不能把这碗鱼汤喝了？能喝，你就行了，你不是为自己；不能喝，你就是为自己。

还有一次按摩的时候，爸爸跟我说："儿子，这个按摩太舒服了，促进血液循环、舒筋活血。你要有时间，帮你妈妈和你妹妹也弄弄？"我当时就特别不高兴。我心想，您有数没有啊？真拿我当什么了。还让我给我妈妈和妹妹弄。我妹比我还小两岁，她不给我弄就不错了，我还给她弄，您真糊涂假糊涂呀？我没敢直接跟他说。我每天进爸爸的家门，我都提醒自己，今天一定不能起烦恼，因为老人家跟你说话不客气。他还接着说："真舒服，你按摩是一种享受，我希望更多的人能享受。"我说："爸，我是卖炉子的，我不是搞按摩的。这点儿事您得弄清楚了，咱们这是业余，差不多就行了，您还真拿我当专业的用？行了，我不开公司了，我就踏踏实实搞按摩挣钱得了。"你看，这话就出来了。从爸爸家出来，在回公司的路上，我就想，你不得检讨么，你看境界现前了——你爸给你出了一道考题，不行吧？过不了关吧？"凡所有相，皆是虚妄"，"一切法不生，一切法不灭"，对不对？面对境界的时候要修清净心。老法师说，修清净心重要，念佛重要。你这两个重要都没做到，不行。所以，我跟老法师说，我每一次回家照顾我父亲，从进门一直到出门，那全都是考试。

后来，我又提出给爸爸多按摩一下别的地方。我说："爸，给您肩膀弄好了。您就趴在这儿，再帮您按按背。您看您在'文革'中打伤了腰，我得帮您推推腰，对吧？您那腿又不行，全是肿的，也得按摩。"因为爸爸长期排尿不畅，左腿都像木头一样硬邦邦的，和水萝卜似的。所以，他走不动道，走路就和蹭似的。我特别着急，老想帮他推，大夫说慢慢推挤，通过淋巴这水就能排出来。

因为爸爸这肩膀舒服了，有了信任了，他也愿意接受。他说："真推推？你会不会太累？"

"爸，不累，我也锻炼锻炼身体，再说了，您是福田，我种了这个福田我一定能得福。"

"儿子，你要这么一说，你再弄大发了，你再把我给毁了，你那么大的劲。"

"不会，爸，您只要说停我就停，您让我按我一定按。"

于是，我爸就趴下了，趴在床上，我就帮着爸爸按摩，从肩膀一直推到臀部，从臀部一直推到大腿肚子，再推到小腿肚子。

他怎么会接受的？就是时间长了，你真爱他，拿出真诚关心他、打动他，慢慢就接受了。他就会主动跟你说，儿子，今天我的右腿疼，你帮我弄弄吧；今天我的屁股疼，你帮我弄弄。因为他老坐在沙发上，肌肉都萎缩了，尾椎骨跟两个大腿骨的骨头特别清晰，屁股蛋子上没肉，那么大的重量落在上面得有多疼啊。可怜到了极处。如果没有这个感情，他肯定不好意思让我帮他推屁股。

我给父亲按摩的时候，他就觉得特别高兴，因为我用心啊。父亲虽然看不见，但是他觉得我累，有的时候说"儿子，差不多了"。他推我让我停下来，一下子摸到我这手腕上全是汗，他就哽咽了，掉眼泪了："哎哟！儿子，你出了这么多汗，算了，算了，别太累了。你也很辛苦，也五十多岁的人了……"这里边没有鞠躬，没有穿唐装，没有给爸爸洗脚，但自然而然的，他接触到你的胳膊，摸到你为他出的汗，他知道你是真用心。

当其不动念时，孰香孰臭？

我爸爸不能活动，他长期坐在沙发上，上车上不了，下楼梯下不了。我们没有体会，因为我们能活动。真正地把爸爸的感受换在自己身上，这是第一门课。

所以，佛为什么让我们"利行"，说接引众生要"利行"，做有利于他的行为？你在做有利于他的事情当中，你才知道他有多么不容易。你得跟他"同事"，同干一件事情，你才知道他的感受。这是佛接引众生的四摄法，实际上是接引自己的四摄法，哪有什么众生可以接引？《金刚经》上说："若菩萨有我相、人相、众生相、寿者相，即非菩萨。"四摄，摄谁？摄我们啊！

所以，我就被父亲接受了。有一天，我爸又不让我给按摩了。我说："爸，咱们这一段按摩有进步，您腰都直起来了，腿都有点甩开了，您没感觉吗？"他说："是是是，挺好，就这么着吧。儿子，你挺辛苦的，咱们聊聊天吧，你的孝心我领了。不按了，咱们就读读净空老法师的信，说说中国'家'的精神，咱们来点精神按摩吧。"有这么两个星期，我回到家，爸爸都不让我按摩。

我就奇怪了，怎么爸爸不让我按摩了呢？后来，我们家的小阿姨跟我说："大哥，是不是有一天，你帮着姨夫推的时候，姨夫放了个屁，你马上就开窗户来着？"

我说："对，那个屁特臭。"

她说："姨夫特别怕冷，他这一放屁，你就开窗户，他又趴在那儿，他就觉得冷，而且觉得你嫌弃他。所以，姨夫说以后不让你按摩了，人家孩子嫌咱脏，咱们这么大岁数了，一趴下按摩就憋不住。"

你想你按摩的时候，那么大的劲，又给弄背又给弄肚子的，他哪儿控制得住？那控制不住很自然地就排气，排气以后你就开窗户。老爷子八十六岁了，这种天气他怕凉，从来不开窗户，他那个单间的门开一下都不愿意，不就是怕冷风嘛。他就不让弄了。你看，这不是给我上课吗？你不真诚，他会用你吗？你嫌弃他，谁没自尊心？

孝养父母容易吗？开窗户为谁啊？为自己。你征求爸爸的意见了吗？"父母呼，应勿缓；父母命，行勿懒。"爸爸多少次地跟我说："儿子，咱们只有吃中午饭的时间，我不在这个房间，开窗户透透气。"爸爸多少次地跟我说："儿子，你看看这窗户关好了没有，窗帘拉上了没有？"你往心里去了吗，你问过为什么吗？

他在被按摩的时候，处在一种比较放松的状态，你突然开开窗户，他是什么感受？他宁肯不要这个舒服，他也不能要冷。你按摩是为了自己：我今年回家要孝敬父母，要种福田，要种恩田；我只有在这边种了恩田，我才有签到合同的可能性，公司的合同是恩田里长出来的，我要在爸爸这个恩田当中种因。我一直有这种潜台词。

有屁和没屁应该是一样。你这有分别吗？就你还修清净心？你这是贪瞋痴慢，你这是自私自利，你这是心不清净！就这一个嫌爸爸臭，清净、平等、正觉、慈悲都没了！不行啊，胡小林，爸爸这一个考卷你不及格。这个时候我已经回去一个多月了，知道要感爸爸的恩了。对老人家的这个举措，感恩吧！平常你哪儿知道自己的境界不行？哈喇子是能摸了，自己的筷子喂爸爸酱豆腐吃可以了，这屁来了，你行吗？不行。境界还是不够。

所以，这是真实的。因为老人家有感受，他觉得让你难过了，让你不好受了，他就不让你按摩了。就这样，过了两个礼拜，没有按摩。

明白了爸爸不让按摩的原因，我就跟爸爸承认错误。一天中午，我"咕咚"跪下，就给老人家磕头了。

我说："爸，您看我这学佛的，境界不够，您老人家这一放屁我就觉得挺臭，您给我出了考卷，我没及格。现在您好像有点往心里去，可是我还是想恢复给您推背。这个推背，大夫说很管用。您看您现在的左腿、右腿，水已经少多了，而且膝盖和腿肚都开始软了，咱得维护这个成果。"

他说："不用了，挺好，不能老按摩，老按摩对身体也不好，你听我的，我自己有感受，我现在特舒服，你回来咱们坐这聊聊天挺好。"

我说："我对不起您老人家，您放屁我还嫌臭。我小时候一把屎一把尿的时候，您嫌过我臭吗？将心比心，人同此心，心同此理，是我不孝敬。爸，您要是为了成就儿子，您还得让我恢复按摩，您就放屁，您放多少屁我都得给您弄。要不然我太内疚、太难过了。"

"谁跟你说的这事？"

"小易跟我说的。"

"多嘴！放屁就是臭，这屋里那么闷，关着窗户谁愿意？"

"这都是我不孝敬，我不该开这窗户，您给我一次机会，我以后再也不会了。尽管我今天做不到，但是我知道方向是什么，我知道差距是什么。谢谢爸爸，照出我身上的不足，照出我的不孝，看出我的差距。这比我念经，这比我去香港看老法师都重要。感恩您，磕这个头不是为了忏悔，磕这个头是为了谢谢您。要不是您，我怎么知道我自己差在哪儿了，知道自己境界不行了？您能不能恢复按摩？"

爸爸说："这事对你有这么重要啊？那咱就恢复吧！你别难过，你也别磕头了，就恢复吧。你以后要开窗户之前告诉我，我盖床被子就行了。"

多躁得慌！他就这么爱他的儿子，他一句批评都没有。

所以，在父亲身边，感受的程度是越来越深。开始知道掉眼泪，开始看到自己不行了，惭愧！开始可怜爸爸了，开始找到一定要为爸爸做些什么，真实地做些什么的动力。无比地喜悦，觉得佛菩萨不骗人，回家才能找到爱的感觉。什么是真爱？为别人是爱，爱自己不是爱。为自己念《无量寿经》是爱自己，关在办公室里念佛是爱自己，这部经、这句佛念得不对：你与佛菩萨的心不相应，所以你不理解他的经文；念佛，你不得感应。

之后，有一天回家的时候，正赶上爸爸闹肚子，大便失禁。因为他眼神不好，腿脚又不行，这一闹肚子，肯定赶不及去厕所，就拉在裤子里了。拉在裤子里边，你想那多脏？我到家的时候，看到老人家躺在床上，小阿姨在旁边帮着擦。他看不见，得小阿姨帮忙。小阿姨是女孩子，所以他觉得特别不好意思。当时，屋子里不开窗、不开门，一股臭气。我一看父亲在那擦大便，一捂鼻子我就出去了，我觉得特别臭。你看，吃酱豆腐的筷子可以接受了，糖蒜皮、剩饭可以接受了，放屁可以接受了，大便不接受。

　　我心里又一想，这不能走啊，得回去呀。怎么又不灵了？你说这个习气有多重，稍一不注意就冒头。爸爸是一个非常要面子的人，小阿姨是女的，他多不希望让小阿姨擦，你要回去帮他脱、帮他擦多好，本来这就应该是儿子干的事儿。我就回去了，对小阿姨说："你们都起来，我来。"

　　我以前从来没有过这种经历，没照顾过老年人，特别是拉裤子这些事。一看到那种情况，我哪儿会呀？皱着眉头缩着脚，弓着个肩膀，那是给人擦屎的样子吗？我勉强给小阿姨递湿纸巾、递毛巾，擦完了以后我再拿去洗，洗的时候你手就得粘屎，不行，觉得恶心。我拧着鼻子歪着头，那毛巾连水管都对不上！洗毛巾那活儿是最轻的，离大便最远的我都对付不来，觉得味儿啊！

境界不行。你看佛菩萨这个安排，你想成就，他就给你安排这个课程，一步一步地引领你深入。

印光老和尚说："看一切人都是菩萨。"我原来傲慢，可了不得了，特自负。我觉得我行，比别人强。强什么？王希海老师你赶得上吗？给爸爸吸痰吸了二十六年，您这才哪儿到哪儿？丁嘉丽老师敢给母亲抠大便，你下得了手吗？

《弟子规》上说："见人善，即思齐；纵去远，以渐跻。"好在有后面这六个字——"纵去远，以渐跻"，给出了我们能够变好的可能性。尽管差得很远，我们还可以慢慢赶上。那这里边有一个先决条件：你必须得干。回家孝敬父母不就是落实《弟子规》吗？那请告诉我们方法，我怎么才能赶上？"勿自暴，勿自弃；圣与贤，可驯致。"是不是？你只要不自暴自弃，你就能赶上圣贤。

所以说《弟子规》伟大，关键是我们做不到。我们愿意读《华严经》，愿意读《法华经》，我们愿意念大悲咒，得受用吗？不得受用。修学是有次第的，修学是要有根的。

这大便处理完了，爸爸也要吃中午饭了。我觉得手上有味，那一天还吃馒头，我拿着馒头，往嘴上一放，我就闻着是大便的味，这中午饭也没吃好。你有感，人家就有应啊。你以为你这心情，爸爸不知道吗？他后来就说："儿子，今天你吃饭没吃好。"

我说："您怎么知道？"

"你吃饭时一句话都不说。"

"没有。"

他说："我听见了，你跟阿姨说，我这手怎么洗，好像还是有大便的味儿。"他眼睛虽然不好，但他能听见你说话呀。

我当时这脑袋"轰"一下子，心里说我好不容易才把爸爸说通了，让我按摩了，今天这怎么又来了？大便早不弄晚不弄，怎么偏偏让我给撞上了呢？是佛菩萨来度你的呗，程度是越来越高了：一年级课程完了，二年级来了；二年级完了，三年级来了。感恩这个机会吧！

一切法平等，都是从自性流露出来的。《了凡四训》里面云谷禅师说："夫天与寿，至贰者也；当其不动念时，孰为夭，孰为寿？"当其不动念时，孰为臭，孰为香？我动了什么念，把这本来是一法的东西变成了二法——臭和香？所以我就挺恨我自己的，怎么学佛这么多年，这个问题老是解决不了？我有什么办法能把这种执著放下？彻底地把老人家生理上的这些问题看破放下。你不放下这个，自己心理上有障碍，他老人家能感觉到，你这个孝道肯定进行不下去，因为你嫌臭、你嫌脏。

印光老和尚说："常生惭愧心及生忏悔心"。不回去孝养父母，不来到父母的身边，不让爸爸给你上这一课，你到哪儿去生惭愧心，到哪儿去找忏悔心？惭愧心是知道错了，忏悔心是不二过。错了那就改呗！就围绕爸爸这件事改。

我晚上回到家，躺在床上，睡不着觉。这是我很大的心病，我恨我自己，我说怎么回事呢？怎么老是摆脱不了嫌脏、嫌臭的问题？我这过去四年每年捐一千万，四千万我都可以捐出去，我也能忏悔，改正自己的过错，我怎么在这个问题上就是过不了关呢？成天到论坛给人家讲"修清净心重要、念佛重要"，你自己怎么做不到呢？

菩萨六度，第一度就是布施。从财布施开始，实际上到最后，《了凡四训》上怎么说的？"内舍六根，外舍六尘，一切所有，无不舍者。"什么叫六尘？色、声、香、味、触、法叫六尘。什么叫六根？眼、耳、鼻、舌、身、意。大便就是色，是物质。嗅觉，香味，味道。你舍了吗？"外舍六尘"，虾皮呀、大便啊、气味啊，都是六尘。"内舍六根"，你的六根——眼耳鼻舌身意，要关掉，不能有感受。一切法不生，一切法不灭，诸法平等无二。香跟臭是一，这么深的道理学过、说过，做得到吗？做不到。

怎么办？对治呗。《了凡四训》说对待过失："小者如芒刺在肉，速与抉剔；大者如毒蛇啮指，速与斩除。"只要出现这种分别执著，只要出现这种缺点错误，不用迟疑、不需等待，斩除呀，改呀！怎么改？我心想一定得看破放下，也没什么好办法了，你现在到哪儿能看得破、放得下？我就进了卫生间，就是家里的卫生间。我就拿着早上刷牙的缸子，就看着那个马桶，我想，我能不能喝里边的水？用这个刷牙的缸子把它舀出来，把它咽下去？

你不这么干，老执著它，老放不下，这叫什么觉悟？净空老法师这么栽培你……"师父领进门，修行靠个人。"你现在嫌父亲脏、嫌父亲臭，这是障碍，这么脏臭的东西都能进嘴，那是不是就可以稍微把这事情看淡一点了？是不是就可以彻底把这个嫌臭的问题给解决了？

拿缸子刚想舀水，又放下了。心里想，算了，慢慢来吧，哪有这样的，喝马桶的水？万一要不干净怎么办？而且我这一个多月进步挺大的了：又是酱豆腐，又是剩饭，然后又摸了尿，又接小便，原来都没干过，现在这就可以了。非得喝这水吗？不喝就不行吗？

又一想，还等什么啊，你都五十五岁了，还这么大的分别心，你还嫌你父亲脏。心那么不清净，怎么去西方？想搞六道轮回，是吗？那读经、捐钱，不白做了吗？你忙活什么呢？这点东西都放不下，你算什么英雄好汉？你成天外边甩开腮帮子吹，你马桶的水喝得下去吗？你为什么喝不下去？这不是有执著吗？心不清净，境界没有提高嘛，也就是修了点福德而已，功德才是功夫。

　　咱们查查字典，功德是什么意思？改正自己的缺点叫功；有了功，修功所得到的叫功德。你没功夫啊！什么是功夫？放下是功夫，不分别是功夫，不执著是功夫。那你这么喜欢佛法，这么想成就自己，今天大便这关你过不去是不是？过不去没关系，那大便就是老师，这马桶就是教室。佛法在哪里？佛法就在马桶里。我就在这个马桶前面，斗争了十五分钟。进去卫生间又出来，出来了又拿着杯子进去……最后，我想不行，今天这水不喝下去不能睡觉，这是立定此志，像净空老和尚说的：真干。你还是有分别，这马桶水怎么了？能死人吗？天塌得下来吗？有什么了不起的？你不是成天跟人家说一切法不生，一切法不灭吗？说万法平等，万法一如吗？

　　喝呀！我捏着鼻子就舀了一杯，不是一满杯，那刷牙的杯子太大，舀了大概三分之一杯。我"咕咚"就倒下去了，根本就没经过舌头和嘴，一下子就进了嗓子眼，就像喝白酒似的。喝下去以后也不知道什么味，因为没尝着。再到后来，为了更进一步消除自己的分别心，我又尝了尝父亲的大便，觉得没那么恶心，真的没什么。

　　就这样，我的境界有提高，真的。你问这会不会拉肚子？没拉。而且心里喜悦，马桶水都能喝了，那行了，这分别心又小一块，今天没白过。你不得感谢父亲吗？不是父亲暴露了你这个问题，你怎么知道自己哪儿不行？老人家带一个尿袋，都不愿意出去了，为什么？看到老邻居、老战友，他觉得没面子。老人家这么慈悲，用自己这么大的痛苦来成就你，谁得这个尿袋最大的利益？你。谁得这个尿袋最大的痛苦？爸爸。不得感恩吗？不是老人家跟你这么大的缘分，来到这个世界上，帮你小子度化，你怎么可能有这么好的机会、这么快的速度提高境界？

学佛学四年了，老因为境界不能提高而困扰，爸爸这个病做了一次很好的示现，给你找到一个突破口。不是吗？天无绝人之路，老想成就，就找不着机会，爸爸给你机会，你不能拒绝，要迎难而上。这时候，对父母那种感恩、那种诚敬、那种尊重，是发自肺腑的。

这事儿我平时还不敢跟别人说，人家会说你们这些学佛的都是神经病，哪有喝马桶水的？为了克服嫌臭、嫌脏，你就能干这个？我十月底去香港看师父，给师父讲起我嫌爸爸脏，喝马桶水对治这一段。老法师有五分钟沉着脸没说话，然后他说："三世诸佛全是这样成的。"

我问老法师，这个事儿我能讲吗？他说，你要讲，要讲出来。你做到了，你要说。每个人修学有自己的条件，你是学生，要把你的修学经验，怎么放下烦恼、怎么放下执著，讲出来。你有你的办法，你在孝养父母当中，找到了提高境界的方法，这是善巧方便。让大家不是单纯地、感性地孝养父母，要上升到理性、上升到发菩提心这个角度，爸爸都不愿意度，你能度众生吗？爸爸的脏、爸爸的臭、爸爸的尿你都不行，别人能行吗？

念佛是念什么？念觉悟。觉悟什么？娑婆苦，极乐乐。你觉得娑婆不苦，你还想在这儿待着，为什么？来到娑婆的因就是因为有妄想、分别、执著，今天妄想、分别、执著你放不下，说明你不想离开六道，那没什么可说的，去不了极乐，别埋怨别人，埋怨自己。

这个马桶的水喝下去后，我再回去照顾我父亲，再给父亲伺候屎、伺候尿就没事了。马桶水我都能进肚子，爸爸的痰，一点儿问题没有；给爸爸擦大便，一点儿问题没有；给爸爸换脏内裤，一点儿问题没有。你别说口水，别说用嘴吃那筷子了，那都不是问题了。所以突然感觉到，看破、放下最重要。

而且，我觉得有个特别奇妙的现象，就是喝下这个以后，也不爱发脾气了，也不爱着急了。为什么？你说还有什么忍不了的？马桶的水都能喝得了，小便都能喝得了，你还有什么过不去的？天底下还有比这更脏的没有？

你说这一喝就解决所有问题了吗？还不能。

有一次，我给爸爸做足底按摩，因为他的脚不好，水肿。我把他那鞋和袜子一脱下来，那个脚又酸、又热、又臭，脚踝骨全都是肿的，就和馒头一样，根本看不清楚什么骨头节。这个时候又觉得：真味啊！照顾他怎么老是接触这种东西？不是大便就是小便，然后就是这个臭。这就又起烦恼了，又有分别心了，又不行了。所以照顾父亲的过程，实际上是一个觉悟的过程，天天都是这些命题。

后来，我总结了一个经验。我只要嫌我父亲脏，就跑到他的马桶那儿拿他那个化验小便的小塑料壶，用它舀一杯马桶水就喝进去。爸爸家那个厕所，比我们家的厕所可脏多了，有时候大便还挂在池子上。大概这样十次以后就差不多了，舀的次数越来越少，不觉得大便脏了，可以给爸爸脱裤衩了，可以给爸爸擦屁股了，先用湿纸巾，后用温水毛巾给老人家擦，最后涂抹爽身粉。就得对治，因为咱没别的办法，修行就得靠个人。

你得真干啊，这不是为别人干的。"众生无边誓愿度"，这是立志啊！我来到这世界上，众生无边，我誓愿度他们。连你父亲都度不了，你度谁啊？度众生从哪儿度起？从爸爸妈妈身边度起，这里面是有次第的。所以说《弟子规》是大学问："首孝弟"。

《弟子规》中的孝是重中之重、根中之根，一定要先从这里做起。要回到爸爸妈妈身边，找到他们最需要的，然后以真诚心赢得他们的信任，解决他们的难处。《弟子规》的第一步你有了，万里长征在第一步，这一步就是成佛的起步啊。

所以，可能你跟不学传统文化、不学佛的人讲喝马桶水的事情，他们会说你们这学佛的人不都是神经病吗？为什么要这样做呢？那咱们是学佛的，知道每个人的善巧方便不一样，我就是知道自己嫌父亲臭、嫌父亲脏，这一关没解决。结果歪打正着，就这一个马桶的水，我就全找到了。

长期以来觉得什么要放下、不要分别、不要执著、要修清净心……都解决了。这不就是方便吗？我觉得特别受用。而且，父亲和你在一起，他也能感觉到你是真的不嫌弃他了，他跟你的感情就推进了一大步。我能走出这一步，特别感谢我的父亲，是他给我出了这么一道难题，成就了我。

佛菩萨就在身边
——聆听父亲的故事

千里运回的洗澡盆

　　父亲长期便秘，所以他的大便是个问题，时间很长，在卫生间里可能要坐半个小时。有时候会在大便的过程中睡着了、摔倒了，弄得到处都是，我就赶上过，所以我就想陪他上卫生间。

　　因为我跟爸爸感情越来越深，他原来不会接受我陪他去上卫生间的。我扶着他进去之后，他就总是说"你出去吧，你出去吧"、"把门关上吧"、"叫她们来吧"。他慢慢跟你有了感情，他就接受你了，就不愿意再找阿姨了。

　　谁不愿意用自己的儿子？哪个当父母的愿意用别人伺候？那是你不行，你不争气。跟父亲感情深，他就敢跟你提要求了。我就专门弄个板凳，在卫生间陪他坐着。他坐四十分钟我就坐四十分钟，他坐一个钟头我就坐一个钟头。我又怕他睡着了摔倒，就跟他聊天。

　　我每天回家只有三个小时，一般得在卫生间度过一个小时。在这一个小时里，我爸爸给我讲了很多他的事，我特别地感动。这一聊天还聊出很多过去的温馨故事，比如我小时候他怎么带我，怎么教我，怎么养我。

　　没有一次我陪着父亲大便不掉泪的。我小时候他老人家那么爱我，我都忘了，记不得了，被贪瞋痴慢、自私自利、名闻利养、五欲六尘染污得太重了，时间太长了。

　　小时候，我和我妹妹两人都是我爸爸妈妈帮着洗澡，当时都用钢种盆，也就是铝盆。这种盆不隔热，散热特别快。北京那时候冬天很冷，暖气也不是很够，热水烧开了，倒进去，没洗完就凉了。他们都怕孩子感冒。

　　爸爸就想，南方有木盆，我要是出差到上海，一定得给孩子们买个大木盆。后来，爸爸到上海消防器材厂出差，就给我和我妹妹买了个南方的大木盆，红色的，直径有一米，上面有个铁箍箍着，很重。我爸说，买到这木盆他特高兴。

　　那时候是五十年代末六十年代初，他出差是坐硬卧，没有飞机，坐火车。木盆挺大，他又不愿意托运，因为托运回家就晚了。硬卧的那个行李架不够宽，他就把这个盆放在床铺上，放了这个盆，就没法睡了，他自己就在旁边坐了一夜。当时还不是快车，二十四个小时开到北京。

　　到了北京站，公安部把他接到单位，就在天安门附近。我们家在慈云寺，天安门到慈云寺怎么也得有十公里。我父亲年轻的时候是公安部的一个普通干部，没有专车，得骑自行车上下班。于是，他推着自行车，把大木盆拴在车上，走了十公里回家，他这是为了给孩子洗澡。

爸爸给我讲这个故事，我们怎么看待它？如果你会听，所有的人在你面前说的话都是佛法。

父亲说者无心，我听者有意。回去晚上就睡不着觉了。按道理说，我今天这么好的生活条件，身边有这么多的服务人员，又是秘书又是司机，我才给爸爸做到哪儿？我真的关心爸爸达到了爸爸关心我的那种程度了吗？没有。那我对待父亲是什么样呢？我们现在有车、有司机，每个月给点儿钱，把爸爸扔给电视，回家看看爸爸两三个小时，有阿姨做饭、打扫卫生，爸爸还对我们说谢谢。还有些人把父母扔给养老院，给点儿钱，就算了了这段父子之情，就算买回了一份心安。

爸爸当年照顾我们的条件比我们今天照顾爸爸的条件要差得多得多。他没有钱请阿姨，没有自己的专职司机，基本上都是自己干的。爸爸给我洗澡的次数一定多于我给爸爸洗澡的次数，我爸爸在照顾我这件事情上，一定比我照顾我爸爸要付出得多。

不回到家，不听爸爸妈妈跟你唠叨过去的故事，你怎么知道你是怎么长大的？你怎么知道你小时候的感冒对爸爸妈妈多重要？你怎么知道爸爸妈妈有多爱你？

　　我问父亲，我说："爸，那时候您照顾我们的时候，您觉得我们的大便臭或脏吗？"他说："嗨，来不及的时候就拿手接着。"我们不回到父母身边，我们怎么能知道这个细节？知道了这个细节，然后再对照我们是怎么做的。

　　净业三福的第一福是人间善，没有人间善，你不可能有出世间善。第一福的第一句话——"孝养父母"。这没得商量，你只有孝养了父母你才能够"奉事师长"，然后"慈心不杀"，最后"修十善业"。所以，我们学佛的同修，我们学传统文化的同学，一定要回到父母身边，不能有任何推脱的理由。

为子孙多留一棵树

　　父亲大便完了以后，我给他扯纸。

　　他说："儿子，我不用那么多纸，你再扯一半，把那一半留下来，明天我再用。"

　　我说："爸，这个卫生纸不多，一点儿都不浪费。"

　　"儿子，你要珍惜这纸，你看这个电视上不是成天说吗，地球上资源这么贫乏，这个纸都是树木做的，现在这么多灾害都是因为水土流失，多留一棵树，多给子孙们留一棵树。"

　　我们回家孝养父母、照顾爸爸，是我们去付出、去奉献了，是吗？普贤菩萨十大愿王告诉我们"常随佛学"。佛在哪儿？跟谁学？爸爸妈妈不是佛吗？胡小林做到了吗？一次一次的冲击，我回到办公室就给佛菩萨磕头，净业三福，真实不虚！

回家孝养父母受了这么多的教育，我到哪儿去找这种教育？谁能给我这种教育？为什么让你回家？回家你学呀，你"称赞如来"——普贤菩萨第二大愿王，知道爸爸对卫生纸的态度，诚敬心油然而生，不是装的，真自愧不如，差得太多了。老实了吧？服了吧？人家没有去论坛讲课，人家没有到香港佛陀教育协会录像，人家背不下《无量寿经》，人家也没念佛，人家是佛菩萨，你不是。

这样一比，自己的诚敬心就出来了，再回去伺候爸爸，才知道我给老法师磕头原来是假的。你对爸爸都没有诚敬，你对净空老和尚能有诚敬吗？你对爸爸妈妈都不爱，你说你爱老法师？也可能爱，那是为自己。所以，《弟子规》上说，"见人善，即思齐；纵去远，以渐跻"。你连人家的善你都见不着，侈谈诚敬！

你可能说：怎么我跟爸爸妈妈在一起，看不出有什么我要学习的地方？问题不出在爸爸妈妈这一边。《了凡四训》上说，那是你障碍重的表现。《了凡四训》怎么说的？"心粗而眼翳"，你心太粗了，翳，眼睛上有白内障，把你障住了。你发现不了爸爸妈妈那些像钻石、像金子一样宝贵的东西，是因为你心里只有你自己，你真把你自己放下了，这些东西就会涌到你的眼前。

所以，在家看到父母这样的行持，对我的冲击很大。对爸爸的爱，那个质量不一样了，里边有恭敬，里边有佩服，里边有惭愧，里边有忏悔，全在里边了，一即一切，出来了。

谁帮着你把恭敬心找出来的？爸爸。感恩吗？感恩。知足吗？知足。老实了吗？老实了。真觉得不行，真的惭愧，要向爸爸学。

看《佛本生故事》，你学得来吗？释迦牟尼佛在当菩萨的时候，以身饲虎，让虎吃他。老虎饿的没力气吃他，他就把自己的身体刺破，血流出来让老虎闻到血腥味，焕发起老虎的兽性，把他吃了。做得到吗？做不到。那个你能学吗？你学不了。

这个能学吗？这个能学。艰苦朴素、爱惜物命。起码要做到爸爸这样吧，这个要求不高吧？他老人家做到了，就是你身边活生生的榜样，你应该怎么做？

爸爸妈妈不简单。你说这个恩情有多大？你说爸爸妈妈爱你有多深？你不是他儿子，怎么有资格上这一课？父子有亲，亲在哪里？亲在这。亲，你可以亲近他，你可以零距离地跟他接触。

我跟学佛的同修有接触，跟大家不客气地说，十个人当中，起码有一半对父母不恭敬，看不到他们的优点。我经常参加论坛，每次接到提问题的条子全是说

"爸爸妈妈不学佛我们怎么办，爸爸妈妈现在还吃肉我们怎么办，爸爸妈妈现在还在杀生我们怎么办……"全是父母的不是，没有自己的不是。

所以你要放下，这是我的真实体会。我回去孝养父母之初，抱着自己的成见、自己的观点、自己的理论、自己的认为，就和菩萨一样，要救世，要救赎他们，我已经成了，你们还没有成，我要把你们从火坑里救赎出来。四个月以后踏实了，老老实实向人家学，自己真不行。而且很惋惜、很后悔，这么好的老师、这么好的教材，我怎么这么晚才看到？太晚了！我要是在刚学佛的四年前——二〇〇七年，我就回家，就落实净业三福，就来到爸爸妈妈身边，那我今天肯定不是这种境界。我对佛菩萨的赞叹，对释迦牟尼佛的感恩，对老法师的佩服，从哪儿来的？就从回家这四个月来的。

连妈妈都不知道的事

我的父亲一九四三年参加革命，是共产党的官员。作为一个老革命，他始终是在非常非常低的处级、副处级干部位置上工作，到临退休的时候还是名处级干部，像他这样的情况少极了。因为他一辈子不会跑官、要官，从来不向单位、组织伸手，一直住的是给我母亲分的房。也因为耿直，老是对领导提意见，老是对走后门、不正之风的做法看不下去，所以领导不喜欢他，排斥他。

后来，中国成立武警部队，要从公安部抽调干部。当时的赵部长在西南公安部时认识我爸爸，对我爸爸这么多年——四十年不提升职务，他是有看法的。当时赵部长负责组织武警部队司令部，他在开部党组会时说：有一个好干部，他应该调到武警。他在公安部的七局，是个处级干部，这个人很正派，我了解。我的意见是把他调到武警司令部政治部，担任副主任兼武警司令部的纪律检查委员会的主任。因为他知道我爸爸正直，眼里不揉沙子，严格要求自己，从来不走后门，从来不搞拉拉扯扯，不违反纪律。

部党组形成决议了，我爸爸从副处提到正处，从正处提到副局，跨过副局再到正局，跨过正局再到副部，连提四级。就工资来说，军队的工资比地方的工资要高很多。赵部长找我爸爸谈话，我爸爸说我考虑考虑。赵部长特吃惊，他说："你还考虑什么？老胡，你真傻，这个机会多难得，重新组建武警部队，这会有很多的位置和机会，而且给你连提四级。你参加革命这么长时间了，早就应该走到副部级的岗位上了。而且你的人品我是了解的，我把这个岗位交给你是放心的，你就听我的吧！"

我爸爸当时不好驳回赵部长，但是他始终没过去。赵部长的秘书通知我爸爸报到，他说："老胡同志，你怎么还不报到？领军装，办入伍手续，重新入伍。"大家知道我爸怎么说的吗？我爸爸当时在中国消防器材总公司工作，公司生产的是消防器材，如消防车、消防梯等。那个时候是八十年代初，中国正在搞企业的改制，企业面临着改组、下岗、重新分配工作。当时，父亲手底下有四十多个员工。

他跟那位秘书说："请您转告赵部长，这个岗位我不能去，现在这个公司离不开我。第一，我要去了，人家会骂：这个企业不行了，你去升官了，你找到好地方了，我们怎么办？第二，现在这个企业有很多的资产要处理，我最了解情况，我要走了没人清楚，国有资产就会流失。第三，这个企业的员工我最了解，我要走了，新来的人不明白他们的情况。而且，这样对党的影响不好。遇到困难、遇到麻烦，党的干部先走、第一把手先走了，群众会怎么看我们？我不去了。"

我从来不知道爸爸还有这么一段经历。我问我妈说："您知道吗？爸爸原来有这么一个故事，赵部长要提他到武警司令部，相当于副部级这个职位，他不去。"

我妈一听，愣了，她问爸爸："老胡，有这个事吗？你傻了你？你怎么都不跟我说这事？"

我在旁边一听，吓了一跳，二十年前这件事，我爸从来没跟我妈说过。我说："爸，你怎么不跟妈说？"

我爸说："我怕跟她说了，她老唠叨，非逼着我去。我当时不能去，所以我就没告诉你妈妈。"

我妈说："怪不得，那天我见到赵部长，赵部长说你们家老胡脑子进水了，一根筋，这么好的机会都不去！我还琢磨呢，我们家老胡怎么了？有什么好的机会？"

一九八三年组建武警，我爸爸当年要去，他能干到六十五岁。结果爸爸没去，作为处级干部，一九八五年他正好六十，就退休了。他何尝不想在岗位上多干几年？起码能干到一九九○年，待遇也不一样，工资也不一样。

所以，我们不回去孝养父母，我们不回去跟他们生活在一起，我们怎么看到、怎么能够挖掘出来他们身上这些闪光的地方？我们不是蜻蜓点水吗？我们不是流于表面吗？我们不是水和油是两张皮吗？你只有回到父母身边，平心静气，老实跟他们在一起，放下自己的知见，放下自己的傲慢，放下自己的了不得，看看人家在干什么，听听人家在说什么，才能得到真实的利益。

这就是卫生间的故事，你说爸爸在那大便，我陪这一个钟头，不就是听经闻法么？！卫生间不就是道场么？！还需要去寺院吗？《弟子规》在哪里？道场在哪里？卫生间里有慈、悲、喜、舍。《弟子规》的讲堂在哪里？《弟子规》的学校在哪里？在哪儿能学到《弟子规》？爸爸的床边、爸爸的沙发边、爸爸的餐桌边、爸爸的马桶边。你想去寺院、想参加论坛、想参加法会，你觉得那是学佛，错了。学佛的一年级——孝养父母。

爸爸一生在干革命，他最后的待遇、最后的级别对他来讲至关重要，这样的名闻利养他都能放得下，胡小林做到了吗？爸爸为了四十个员工不离开这个岗位，胡小林做到了吗？胡小林老不知道发菩提心是什么样子，这不是菩提心吗？自利利他之心。爸爸发了，你学到了吗？卫生间里有佛法，卫生间里有真理，卫生间里可以去西方。

菩萨般的胸怀

前面提到过，我父亲的眼睛和腰是在"文革"中被打坏的。我知道这一切，因为当时我在父亲身边。当时，我们在陕西省宝鸡市。

那时候，我爸爸在宝鸡消防器材厂当党委书记，一把手。工厂生产消防器材、消防车、灭火器等消防工具，全厂每个月的困难补助指标只有三百元人民币。工厂有多少人我记不住，怎么也得有上千人。有个钳工是军队转业的，家里好像是四五个孩子，确确实实有困难。他就向我父亲、向组织申请困难补助。我父亲给了他二百二十块人民币。他当时很不满意，心里不舒服。我父亲做他的工作：全厂那么多职工，不能都给你一个人啊，别人如果家里再有困难呢，我们总得留点吧，给你二百多块钱可以了，下个月还有。

当时还没有开始"文革"，他心里记恨，但是不敢说。后来，这个工人在"文革"当中一巴掌打到我父亲的眼睛上，就把父亲的眼睛打出了血。因为我父亲是"走资派"，是"反革命分子"，送到医院，医院也不给认真治疗，所以给耽误了，眼底沉积了很多血块。到了晚年之后，有大概两年多时间，眼睛什么都看不见了，只能看见模模糊糊的光。那个钳工还把父亲的腰给打折了，大概是腰椎的第三节和第四节。后来我给父亲按摩，能摸到腰椎到那儿是歪的。

我当时五年级，陪着爸爸。他被打了以后，内裤脱不下来，全被血给粘着。每天晚上最让我难过的就是烧一盆开水兑上凉水，爸爸的裤子脱不下来，我得拿着热毛巾一点一点给他蘸，我爸爸口里直吸凉气，说："轻点轻点，儿子，轻点轻点。"我天天帮爸爸洗裤衩，幼小的心灵看到这一幕真不能容忍，亲爹被打成这个样子，我恨死这个钳工了，咬牙切齿地恨！为什么懂事懂得早，就是因为这些事情。妈妈在北京挨斗，爸爸在宝鸡挨斗，我妈妈把我派到我爸爸那儿，让一个五年级的孩子照顾爸爸。

这要不是卫生间里我爸爸说他感谢我，我都忘了这一段了。

他说："儿子，我老觉得你做了生意以后变了。我总是跟你妹妹说，你哥哥是个好人，他本质是好的。他今天这个脾气，这么自私自利，绝对不是他原来的样子。你哥哥退步了，你哥哥没有受到好的教育，这几年，面对金钱，你哥哥变质了。"

我说："爸，您为什么觉得我过去好？"

他说："儿子，你不记得你五年级的时候吗？你是怎么照顾我的？"

我这才想起来了，还有这么一段。

我爸爸说："还有一个更感人的故事，你都忘了。"

宝鸡在中国的西北，那个地方的人都爱吃面，所以一个户口一个月只有两斤大米。我爸爸是江苏人，他爱吃米饭。爸爸住在"牛棚"，距离我们的宿舍大概有十里地。陕西的公路不是平的，有山坡。我五年级时就知道买条活鱼，让邻居的大妈给我爸做条鱼，放在锅里头，焖好米饭，蹬着自行车走十里地，给爸爸送饭。

我说："爸，我记得，我刚给你送饭的时候，那个鱼汤全洒了，那鱼也都洒得哪儿都是。"一个五年级的孩子懂得什么？才十一岁。我爸爸当时拿着这锅饭就掉眼泪了，他说："孩子，真难为你了。爸爸出不去，咱们家就两斤米，你还想着给爸爸焖点米饭，买条鱼。"

爸爸看不到我在流眼泪，真惭愧。十一岁的孩子能做到，五十五岁的胡小林做不到，为什么？"人之初，性本善；性相近，习相远"，今天怎么会变成这个样子？染污了。

　　"文革"结束后，政府落实政策，我爸爸回到了北京。当时，中国开展了一个运动，叫清理阶级队伍，要把造反派从领导岗位上清理下去，该法办的绳之以法。这个工人被抓起来了。因为大家都知道他把我爸打残了，项目组到北京来找我爸爸，录一份情况。他们对爸爸说，您只要签了字，回去就逮捕他，就法办了。我爸爸叙述完事情经过后说："情况就是这个情况，但是我不同意逮捕他。那时候整个党都在犯错误，国家都在犯错误，他是个工人，你指望他有多高的觉悟，能够不被拽走？不能埋怨他，他也是无辜的。党的政策出现了偏差，我们要反省我们自己。而且他们家特别穷，我了解，他要是被抓进去，他们家就更困难了。能不能教育一下，写份检查就算了？"这就是我的父亲。

　　我父亲眼睛看不见，穿毛衣扣子都系错，吐痰吐不到痰盂里边，夹菜夹不了；腰不好，家里都得做栏杆，因为他只有扶着栏杆才能走动。我陪父亲这四个月，他没有一句恨这个钳工的话。有些时候，我看到老人家受这么大的罪，我心疼，我还恨那个钳工。我爸说："你还是佛的学生？你别给佛丢人了！"

　　我是回去孝养父母吗？我是回去奉献吗？我是帮他老人家吗？谁在帮谁？爸爸身体上这么大的障碍，这么大的冤仇，他老人家到了生命的最后一刻，给我讲到这一段的时候，他还特谦虚："儿子你觉得你爸这样做行吗？符合传统文化吗？你现在学问大了，你看爸爸这样做你觉得对吗？我这是不是不讲原则？"

我一句话我都说不上来，我有资格说人家对吗？没资格！我含着眼泪说："爸，您这是大原则，您这是佛菩萨的原则，您不是抹稀泥，您不是好坏不分，这就对了。但换作我做不到。这么大的过节、这么大的冤仇，给您生活带来这么大的不方便，您老人家到今天提起来，一句怨恨都没有……"

"咕咚"，我就在卫生间给我爸磕了个响头。

我爸说："你干吗？"

我说："佛菩萨在上，我学到了。爸，我要学习您这种胸怀，学习您这种境界。"

我爸说："你干什么你，地板多脏，你快起来吧，这又不是过生日，你磕什么头？"

我这真是发自内心，不磕头，不能表达自己对爸爸的那种诚敬。

印光老和尚说："一分诚敬得一分利益，十分诚敬得十分利益。"爸爸这样的行持、这样的表现、这样的作为，还不能引起你的诚敬心吗？我有些时候私下里跟我那些同学们说我爸爸这些事情，有人说：胡总，那你是应该引起诚敬心，但是我们的爸爸妈妈，好像没有做到这一点。你看，大家还认为自己的爸爸妈妈不像我的爸爸妈妈那样能引起他们的诚敬，问题还在外面。

"行有不得，反求诸己"。我四十多年没有发现爸爸妈妈能引起我诚敬心的地方，为什么现在发现了？因为现在落实孝道了，现在改过了，知道要修清净心了，知道要放下自私自利了，爸爸妈妈这些优秀的事迹、感人的故事才自然而然地呈现在面前。

老法师在讲经的时候有个比喻，说你的眼睛就是你的智慧，对面的雪山就是诸法实相，你的智慧本来是能看见这座雪山的，是能够对诸法实相有所了解的。那为什么你现在看不清楚这个雪山？是因为你眼睛前面有了障碍。问题不出在这雪山上，也不出在你没有这智慧的眼睛上，问题出在你有妄想、分别、执著，这些东西障碍了你。

学佛，回家孝养父母，把妄想、分别、执著放下一分，你就能看清楚雪山一分，你就能识庐山真面目，你就能捕捉到爸爸妈妈身上那些闪光的地方、那些让人学习的地方。因为每个人的父母亲的经历不一样、生活环境不一样，所以他们的故事也都不一样，你要善学。那我怎么能发现？普贤菩萨十大愿王，你按照这个次第干。

普贤菩萨十大愿王是："礼敬诸佛，称赞如来，广修供养，忏悔业障，随喜功德，请转法轮，请佛住世，常随佛学，恒顺众生，普皆回向。"你说我不能"称赞如来"，为什么？因为你不"礼敬诸佛"。你要真"礼敬诸佛"，如来就在你面前现相了。你能"称赞如来"，你就能"广修供养"。

所以说，我现在除了回去给爸爸擦屎，去给爸爸倒尿，我还能拿什么报答爸爸？我只有这点点滴滴的小供养。你那颗感恩的心一出来，你那颗赞叹的心一出来，你那颗佩服、诚敬的心一出来，你就愿意伺候他了。你觉得他是恩人，他是老师，他是佛菩萨，没有他，你的境界提高不了，西方你没份儿。你到了西方，你得多大的利益！没有他老人家帮助你，你行吗？你再供养他，你不就变成一种自觉的、主动的、心甘情愿的行为了吗？

在卫生间陪他是供养。他很孤独，一个人在里面待一个小时。我拿一个小时的时间供养他、陪他在一起。陪他在一起，他给你讲故事。听了故事之后，你忏悔了。所以只有"广修供养"，你才能得到"忏悔业障"的机会。

传家宝——破秋裤

父亲的尿袋需要一个月去医院换一次。有一天，下午两点钟要到医院去换这个塑料尿袋了。吃完中午饭，按摩完了，我说："爸，今天下午要看大夫，睡醒了午觉以后，得把裤子换下来，穿条干净裤子。"他说："行。"因为他眼睛不好，吃饭老掉饭渣，掉菜汤，裤子特别脏。

当我爸爸把这裤子一脱下来的时候，我就愣了。老人家这条秋裤，上边那个补丁我就没数过来，全是一个方块一个方块的补丁，而且到膝盖那里都像渔网一样，一个洞一个洞的，裤脚跟裤腰松紧带全都毛了。我从来没给我爸脱过裤子，他睡觉的时候一般都穿着外套，还盖上个被子。

我看到这个，就说："爸，这么破了，您怎么还穿这个？"

"这没事，这舒服，衣服穿得时间长了，它随身。"

"爸，您不能这样了，咱们家又不是没钱，咱们买条裤子并不浪费。再说，妹妹也给你买了新的了，您怎么就不换？"

爸爸说："这不是挺好的，穿那新的干什么，把这穿得不能穿了再说吧。"

旁边小阿姨跟我说："大哥，姨夫每次穿这条裤子，大脚指头不是从这个洞伸出来，就是从那个洞伸出来，每次穿裤子没有一次能穿到底的，困难极了。本来眼睛就看不见，特别不方便。"

我那天一句话没说，回公司的路上我的眼泪就流下来了。我就给小阿姨打电话。我说："小易，这条裤子给我留好了，洗干净。"

她说："干吗？姨夫不让换。"

我说："你告诉他：这裤子得留给我，这是我胡小林的传家宝，我要世世代代地传下去，我要告诉我们家的后代，他的爷爷是一个多么节约的人。老人家的房子我不要，老人家的钱我不要，老人家这条裤子我得要。"

这不是爸爸对咱们的教育吗？你要不深层次地跟父亲接触，你要不让他把外裤脱下来，你怎么能看见他的秋裤是这样一种状态？我拿这条裤子回家给儿子看，对他说："还要冰激凌吗，儿子？你看爷爷穿的这裤子！咱们吃香的喝辣的，爷爷眼睛也看不见、腿也走不动，穿着这么破烂的衣服。"我只要一回去，他就跟我说国家大事、国家建设、社会存在的问题。谁是菩萨？谁是咱们学习的榜样？

老人家八十六岁了，人家不学佛，也没有参加什么论坛、汇报会，那个中国传统文化也讲不出个一二三来。人家为什么要穿这样破的衣服？人家做到了，我们学佛的四众同修做得到吗？我们做不到，他怎么能看得上我们？为什么社会大众、党和政府对佛法失去信心？为什么？看看这条裤子就知道为什么——我们不能让人家信服。

你说我回家孝敬父母，该谁谢谁？咱们觉得回去孝养父母，是我要积功德，我要给世间人做好榜样，——最差的就是你。看一切人都是菩萨，唯你一人实是凡夫。惭愧吧！印光老和尚说："常生惭愧心及生忏悔心。纵有修持，总觉我功夫很浅。"何况我还没修持，还嫌爸爸脏。

所以，我们在孝养父母的过程当中，一定不能有贡高我慢，觉得老年人什么都不懂，他们已经落后了，他们是弱者，需要自己来照顾。我们现在很多朋友、很多同修、很多大德的父母还在，公公婆婆还在，他们是宝中宝，赶快回到他们的身边。

善相劝，德皆建
——规劝父母的故事

婆罗门女的故事

《了凡四训》上说："远思扬祖宗之德，近思盖父母之愆"。愆就是过错；盖不是掩盖，而是转化。爸爸妈妈在你面前示现的错误和不对的地方，你怎么用佛法、用传统文化把他劝住，把爸爸妈妈这个愆变成对。

父母有愆吗？父母没愆。爸爸妈妈在你面前犯的这个错误，说深了，是你阿赖耶识里有这个种子，因为这个缘起了现形。换句话说，他们犯错误，是给你提醒，你还有这个问题。你把心里头这个阿赖耶识的问题解决了，你就看不到这个景象了。爸爸妈妈在你面前做的示现，就是你的自性这面镜子照出来的。他们照好照坏，那是你的问题。

"看一切人都是菩萨，唯我一人实是凡夫。"父母示现有过错，就好像他们是病人，你是大夫。大夫能把病人治好，大夫就提高了，病人变成健康人。那大夫是怎么成就的？是在治病过程当中成就，临床经验指的就是这个，没有病人就没有大夫的提高。所以父母示现的错误，最后成就了一尊佛出来，成就了一个对道理很明白的人，做事情能做得到的人，能落实圣贤佛菩萨教育的人。

那父母亲这个错误就不是罪孽，那是功德。《地藏经》里婆罗门女的妈妈下了地狱，婆罗门女为了妈妈，精进念佛，一日一夜念"觉华定自在王如来"，最后成了圣者，在定中到了地狱见到了鬼王。鬼王说，悦帝利罪女（婆罗门女的妈妈）三日前就走了，跟她同在地狱里受罪的这一批人同时生天都走了。

她的妈妈因为谤佛、谤法、谤僧而下地狱，女儿把妈妈的这个错误变成自己念佛的动力。你看"近思盖父母之愆"。婆罗门女是怎么"盖"的？化悲痛为力量！知道妈妈做了错事，把这个错误变成自己念佛的真正动力，一日一夜成就了。

这里边有密意。婆罗门女问那个鬼王："我怎么来到这个地方？""不是业力，就是威神。"意思是您来到这儿，要不然是业力领您来的，要不然就是因为您是圣者，有这功夫才能来这儿。那么，悦帝利罪女为什么生天了呢？因为她的下地狱打造出来一个圣者，那还了得吗？

释迦牟尼佛的妈妈在释迦牟尼佛出世之后一个礼拜，就到忉利天享福去了。咱们看觉得真可怜，她生完孩子一个礼拜就死了，那是你这么认为。实际上是她的福报太大了，生了一尊佛给这个世界，修了这么大的福，当然要到忉利天去了。这个世界生老病死，污浊得有什么福可享？

所以我们要真想帮助爸爸妈妈，从哪儿下手？从自己身上下手。爸爸妈妈做得对的要学习，爸爸妈妈做得不对的，要给他们把道理讲明白。在讲明白道理的过程当中，修炼自己的辩才无碍，修炼自己对佛法的理解，提高自己的觉悟。把爸爸妈妈这些错误的说法、想法、做法，都变成你成就菩提道的动力和台阶，你是一步一步踩着他们的错误成就的。

所以，如果爸爸妈妈是正确的，他们有优点，这是让我们看到了学习的目标，让我们有了前进的方向，这就是动力；如果看到爸爸妈妈的不足，就该提醒自己"有则改，无加警"，这就是卸包袱——所谓包袱就是自己的缺点。无论他们是错误的还是正确的，都是在帮你。

很多学佛的朋友跟我说，我就不敢回家，一回家我就头痛，我不知道在家里人出现错误的时候，我应该怎么办？我最好还是像鲁迅先生说的"躲进小楼成一统，管他春夏与秋冬"——躲了。躲是躲不出佛菩萨的。婆罗门女没躲，光目女没躲，释迦牟尼佛没躲，净空老和尚也没躲。

"和光同尘"，和众生之光，同五浊之尘，成就了，自度度他。医院的医生躲着病人能成就吗？胡小林是病人，你爸爸是大夫，你躲着大夫你能看病吗？爸爸一会儿是大夫，一会儿是病人，是一不是二。他有两个作用，两个作用无一不是帮助胡小林觉悟。他是大夫他帮你治病，他是病人就需要你来提高你的技艺，有什么不好？我们要站在这个高度上来看待爸爸妈妈的问题。

"远思扬祖宗之德，近思盖父母之愆"，爸爸妈妈是愆还是对，完全在于你。你能利用爸爸妈妈的这种事件，变成你菩提道上的台阶，变成你菩提路上的动力，爸爸妈妈就没有愆了。

如果我们看错了，认为爸爸妈妈有问题，认为爸爸妈妈有缺点，认为爸爸妈妈是邪知、邪见，你能给他治好吗？佛菩萨来到世间，就是给众生治病的。换句话说，你能感到有错误的爸爸妈妈说出了错误的言论，这是恶果。因是自己种的，恶果是给自己享受。享受的时候是什么？不能再干和爸爸妈妈同样的事情。

《弟子规》上说："见人善，即思齐；纵去远，以渐跻。见人恶，即内省；有则改，无加警"。爸爸妈妈做错事，因为他们不是圣人，"人非圣贤，孰能无过"，这是儒家说的。从佛法来讲，他们是佛，他们来示现的，他们没错，有错的是你。回到儒家来讲，真有错怎么办？"过而能改，善莫大焉"。怎么改过？"善相劝，德皆建"。你能劝过来吗？你有这本事吗？如果你有这本事，能把爸爸妈妈劝过来，再有人出现类似这样的问题，你依然能劝过来。

晓之以理——帮助父亲改变脾气

我爸爸的脾气特别不好，妈妈觉得很痛苦，就老跟我抱怨，让我说说爸爸。她说你现在学了《弟子规》，你也会说了，又学了佛法，佛法能解决这问题吗，把你爸劝过来？我说这有什么不能解决的。

我刚开始是怎么劝的？我说："爸！您怎么这样？您还不知足吗？房子我给您买了，车子我给您买了，司机、保姆我也都给您请了，您就不能让我省点心吗？我做生意不容易，而且现在都知道我学《弟子规》了，你们俩老吵架，我有面子吗？到外面我抬不起头来，我连我的爸爸妈妈都不能劝好，我还靦着脸跟别人去说这说那，害臊不害臊！爸，您就为我想想，我多不容易，我这一天一天的。我上班一听这电话，听到您跟妈妈吵架，这一天我就吃不下、睡不着，我操心死了！您就不能让我省点心吗？"

我爸说："你这叫劝我吗？你不是数落我吗？你怎么就不问问你妈妈做得对不对？一看电视剧看到下半夜

三点，那身体不都坏了吗？我是为她好，电视有那么看的吗？你妈妈那个人要干起事来不管不顾的，就和你学佛似的，一下就不回头。"

我这越劝越僵。

"行了行了，你回来一趟就数落我，你下次别回来了。我发完脾气我心里舒服，我说出来就完了，要不然憋在心里我难受。我也没别人说，我除了给你妈妈发脾气，我还能跟谁发脾气？"

这个事情困扰我很久，我学了佛以后，怎么还劝不过来我爸爸？师父给我一句话，点醒梦中人：因为你心里没有爱。我心里没有爱？我能不爱我爸爸吗？真不爱。你劝爸爸是为自己劝，是因为你觉得爸爸妈妈不应该吵架，是因为你觉得你没面子，是因为你觉得不吵架好，你没有把爸爸妈妈的感受放在你的心里。如果你有爱你就会有智慧，你就真的会劝。所以，"善相劝"这个善，除了契机之外的第二层意思，就是善心的善。什么是劝爸爸妈妈最大的善心？爱他，你就会劝他，这是真的。

我想到师父在讲经的时候讲的江本胜博士的水实验，还有朋友说的美国《科学》杂志的两篇文章。第一篇文章说的是一个母亲早上五点半给孩子喂奶，喂完奶后孩子就死了。送到医院，医生一解剖，发现孩子是奶水中毒死亡。然后，就查这个妈妈的饮食，发现没吃什么不好的东西，那怎么就会毒死孩子？让他们两口子回忆，想起来早上五点钟吵架了。之后，五点半喂奶，奶水里有毒。

第二个案例，美国科学家做了一个实验，把生气的人呼出来的空气用塑料袋收集起来，给它冻上，冰融化变成水，把这个水蒸发掉一大部分，那个水浓度就高了，浓度高时这个水就呈粉色。科学家拿针管抽出这个水打在小白鼠的身上，半个小时以后小白鼠抽搐死亡，水有毒。

我就抱着这三份材料回家了。我说："爸，你眼睛不好，我给你读读江本胜博士怎么说的，什么原因让一个母亲在喂奶中毒死了孩子，发脾气的人呼出的空气是什么样子的。爸！我就您一个爸爸，您得好好活着，多给我提供点机会孝敬您老人家。您老人家生活有规律，早上五点半起床，晚上九点半准时睡觉，身体这么不好还坚持锻炼，吃饭非常有规律，您为什么？您不就是为了健康吗！但是您这一发脾气，您的目的都没达到。您那个有规律的生活、起居有时、注意饮食、注意营养、注意运动，全白搭了。爸爸，您可不能这样。您这么爱惜您的身体，您为自己也不能发这个脾气。"

我爸爸听完这三份材料，再也不说话了。

没过一个月，我妈给我打电话："儿子，这老东西改了，你怎么就把他给劝过来了？你是怎么跟他说的？这么多年我都没给他改过来，什么招都用了，就是不灵，你怎么就给他解决了？"

我就把我解决的过程跟我妈一说，我说："现在怎么样？"

"不错了！刚想发脾气，猛地就控制住了，他就回到他屋了，还说我不能跟你发脾气，儿子说了，发脾气害我自己。"

前面提到过，父亲在手术后得了老年狂躁症。我当初之所以回家，也是因为医生说要对他进行心理干预。大夫说，你们子女要经常回去看老爷子，因为你们不挂塑料袋的人，不知道他心理上的那种痛苦——他觉得很没面子，他的生活从此改变了，再也不能通过正常渠道排尿了。我妹妹上班远，我是自己有公司，时间能自主。所以，就由我每天回去对我爸进行心理干预。

通过几个月跟爸爸在一起相处，给他擦身体，帮他吃药，共同面对他的麻烦，共同研讨疾病，共同找大夫，通过这几个"共同"，老爷子再也不发脾气了。他说："我还发什么脾气？我每天十点半就看表，我儿子该回来了。"

之前我爸吃奥氮平，专门治老年狂躁症的。出院时大夫说，从现在开始，你父亲每天要吃一片，不够就加半片，半片半片地加。他六月份做的手术，到七月底我回到北京，就已经涨到一片半了。病情越来越重，他跟我说小保姆全是特务——糊涂了。大夫说，重了也没别的办法，就再多掰半片。

后来，我爸爸每天就吃半片，头脑清楚极了。他觉得生活有盼头，说："我每天最大的盼头就是你回来，只要我一想到你要回来，再大的烦恼，我都无所谓。"

我那天想，中国为什么有这么多老年痴呆、焦虑症、抑郁症、恐惧症？这人如果有念想，怎么会得老年痴呆？那是因为老人的生活再也没有未来了，儿女都不来看，一点儿心灵的慰藉都没有。你设想一下这个局面，一天天地，从睁眼到晚上睡觉，就坐在电视机前面，又走不动，又看不见，他不得狂躁症，谁得狂躁症？

为什么年轻人不得这些病？年轻人有未来，年轻人有吸引注意力的地方，有发泄的地方。老年人没有了，除了死亡等待着他，就再也没有其他了，他们是没有未来的。

动之以情——转变父亲对妹夫的态度

有一天，我给爸爸做按摩，他就跟我聊天。"小林，我觉得你妹夫这人挺窝囊的，这一辈子没什么出息，你看我的儿子，干什么像什么。"你看，这对我不就是考题吗？要搁过去，我肯定说："是，您的儿子能错得了吗？伟东他就这样，人和人不一样，对不对？一种米养一百种人。"

我就会觉得沾沾自喜，因为爸爸欣赏自己，贬低别人，咱这种虚荣心也好，嫉妒傲慢也好，就得到满足了。现在父亲这样直接地说妹夫，能这么说人家吗？你得应答。你不回家就碰不到这种对话，我这一想，这又是考验。

我说："爸，咱们这个妹夫，人家可是部长的儿子。"

"对啊，他爸是部长级干部。"

"人家结了婚就到咱们家来了，是不是？"

"对啊。"

"人家自己的爸爸妈妈可是一天都没伺候，到咱们家来就伺候您和妈妈。爸爸，这可了不得。结婚二十多年，年复一年、日复一日，孝敬您二老。您住医院的时候，要化验大便，干的已经掉到马桶里头了。人家妹夫用手把那干的捞出来，给放到化验大便的盒里头，您知道不知道？您儿子做不到。您看伟东，人家是女婿，做到了。哪次住院是儿子陪您去的？哪次住院不是伟东给您拿的住院证，给您领的药？一守给您守一宿，怎么着，您打着灯笼到哪儿去找这么好的女婿？"

我说："再一个，您觉得他对您女儿怎么样？他们二十多年的夫妻，没离婚、没有婚外情，本本分分、老实巴交，从大学同学一直到今天。人家是高干子弟，伺候您一辈子，对您屎尿不分，对您女儿这么爱……行了，爸，该知足了！"

"你要不这么说，我真觉得这伟东没有什么可取之处。你要这么说，我觉得他挺伟大的。"

我说："爸，是啊，您儿子得向人家学习，咱们都得向人家学习。您当女婿，您照顾过我姥姥、姥爷吗？您一天都没照顾过。伟东照顾您二十多年了，您高兴了人家陪着您，您不高兴人家得忍着。吃饭在您旁边，您爱吃什么饭，爱吃什么菜，多软多硬，什么温度，比您儿子清楚。我这才照顾您几个月，人家呢，小三十年了。咱们得知恩报恩。"

我妹妹后来跟我说："哥，也不知道怎么搞的，爸最近见了伟东就笑，有点儿什么好东西就给伟东，老说谢谢伟东，说你到了我们家老帮助我们什么的。爸爸这不是神经病吧？"

我说："那怎么是神经病呢？这是老头子觉悟了，看到别人的好了。"

爸爸后来对我说："你帮着分析伟东那三条看得又准、说得又清楚，伟东在咱们家贡献太大了，比儿子还重要。"

我说："那是。您那时候做完手术有老年狂躁症，您说人家伟东，跟人家拉脸，人家二话都没有。人家是女婿，女婿是客人，您哪能那么对待人家？人家还任劳任怨。爸，那就是菩萨，您知足吧！您女儿有福，还不为您女儿高兴吗？您看人家两口子，从大学毕业结婚，到现在五十多岁了，兢兢业业对孩子，儿子培养出来了。您看人家对你们二老，在家里跟你们一块生活，柴米油盐，事无巨细，人家什么都得操心，您怎么没有看到人家的辛苦？"

我们都知道，一个人不会感恩是福薄的表现，那么爸爸不会感恩，看不到妹夫对他的恩情，是不是福薄？"善相劝，德皆建；过不规，道两亏。"按照《了凡四训》上说，"远思扬祖宗之德，近思盖父母之愆"，那父亲今天说这话是错的，他看不到女婿对他的恩情。怎么叫"盖父母之愆"？不是和稀泥。"盖父母之愆"是要把这个道理给他讲清楚，让他知道他错在什么地方，让他觉悟。

"三人行，必有我师"。父亲这么说了，他是扮演了一个反面教员，提醒你要知恩，任何众生跟你都有恩情。你看爸爸说这话，忘了恩了，是在给我提醒，我身边有没有对我有恩情的人让我给忘了。如果说爸爸说了这些话，你认真地学习、认真地领会，把你所忘掉的那些恩人捡起来，爸爸这些话就修了大功德，对不对？他老人家是在教育你。爸爸这次示现，提高了你的境界，在你的菩提路上给了你动力，那爸爸这个示现，这个错误的说法，是不是功德，是不是善因？是。你要把你父母的任何错误都变成激励你进步、提高你觉悟、意识到自身存在问题的动力，那父母的愆就不是愆，而是真实的功德。因为他的教育起到作用了，你知道你哪点做得不好，你知道你哪点有缺陷。

所以，《了凡四训》说"盖父母之愆"，不是说父母有错误，你替他们掩盖、和稀泥。像爸爸妈妈所示现的这个愆，你要能把道理给他们讲清楚、说明白，让他们改变错误的看法、错误的说法、错误的想法。

孟子说："以其昏昏，使人昭昭"。自己稀里糊涂，能把别人说明白吗？自己明白了，把别人也说明白。别人明白了，别人进步了，你通过他们这个示现，也明白了什么不能做。我们怎么"盖父母之愆"？你把他的错误观点纠正了，他们不造恶业。你呢？通过这个反面的东西，你觉悟了，不能这么走。爸爸妈妈进步了，你也受了教育。自度就是度他，度他就是自度。

将加人，先问己——消除妈妈的分别心

我给我爸按摩，妈妈就不太接受。老太太是山东人，她爱儿子、心疼我，她就数落我爸："这个老东西，你怎么那么不懂事？儿子五十五岁了，他给你按摩你就真按？你好意思吗？他早晨六点半就送孩子上学，中午来给你按摩。"我爸说："不是我让他按摩，是他回来拉着我，捏这儿捏那儿的，你说怎么弄啊？我不是为了儿

子吗？他要孝道圆满，我有些时候都想睡觉，他还跟这儿捏，没办法。"

　　其实我爸爸想让我按摩，因为他很需要按摩。他腰不好，一天到晚都走不动道，按摩完他觉得舒服。他又怕我妈说他。所以，妈妈在家，他就不按摩了，"儿子，不用不用，读读净空法师的信，那是精神按摩，也挺好的。"那我们就不按摩，就读师父致新加坡总理李显龙先生的信，念汤池小镇经验的文章。妈妈不在家，就按摩。我爸爸只要听到门一响，就说："哎哟，儿子，差不多了，你妈回来了，不能再弄了。你容易，你一拍屁股走了，你妈得数落我俩小时。"

　　我妈也说我："儿子，你干吗呢？你怎么这么执著啊？你每天中午回来吃点饭，休息一会儿，睡会儿觉不好吗？给这个糟老头子按什么按呀！你四十多年都不跟我们生活在一起，你为什么突然这样做？"

　　妈妈不让我按摩，是因为她不懂道理，所以她才说这句话。这父母是恩田，儿子在这儿种田，以后儿子得福，她不明白这个道理。孝养父母要养其身、养其心、养其志、养其慧，这不就是给妈妈讲道理的时候吗？"善相劝，德皆建；过不规，道两亏。"后面这六个字不是闹着玩的。你看到了，你不规劝，道两亏；他缺了道，你也没得。你没把别人的糖尿病治好，哪天你得了糖尿病，你也好不了。

这时候就得给我妈讲讲，太深的道理她也不懂。八十岁的老太太了，十四岁出来参加革命，她没什么文化。

我说："妈，您觉得我的表现怎么样？"

她说："不错，最近你这是浪子回头金不换，原来可为你没少操心，你这一辈子可真不是省油的灯。"

我说："您希望不希望孩子我有福？"

"那当然了，这不是废话吗？我不希望你有福吗？"

"但是佛说了，福得从福田种出来。"

"什么叫福田？"

我说："佛说了，人有三种田，恩田、福田、悲田。您儿子所有的福都是这三田里种出来的。父母是恩田，贫穷的人、得病的人是悲田，员工是福田。我回家来给爸爸按摩、给爸爸看病、给爸爸弄屎弄尿，这是儿子在种福。儿子种了福，儿子才有福，您总不会希望您的儿子没福吧？"

"你给你爸按摩你就有福？"

"对。"

"不按摩就没福？"

"是的。"

"你们佛门是这么说的？"

"是。"

我说："妈，您看《三字经》上说，'三才者，天地人；三光者，日月星。'天地是不是能化育万物，长出东西？因为有田、有阳光、有天有地，它就长东西了。那么，为什么人能跟天地比？区区那么一点小的人，怎么能够跟这么大的天地比？就是因为人有心田，这个心田撒什么长什么，你撒善的种子，你长出善果；你撒恶的种子，长恶果。这是中国传统文化教的，孝敬父母是儿子以后有好报的最好的种子，您要是不让我做，就等于断了儿子这个修福的机会，那您这不是真爱我。"

我说："您看，您和爸爸多孝敬姥姥，是吧？"

她说："是。"

"妈，'将加人，先问己'，您现在想姥姥死的时候，您老跟我说：我唯一的安慰就是我找到了你爸爸，你爸爸对你姥姥特别好，回回去都不空手。那时候工资不高，每次去都买水果，买瓜子，买花生……为什么爸爸孝敬您的妈妈，您就能接受，怎么做您都觉得不为过，都会赞叹？您从来没有拦过爸爸说：行了，我妈妈你也别孝敬了，差不多点到为止，一年买两次水果……您没说这话。那时候您工资那么低，都支持爸爸对我姥姥尽孝。为什么我现在孝敬我爸爸，您就拦着我？"

"妈妈您深挖思想根源，不就因为胡小林是您的吗？不就是因为爸爸不是您的吗？所以他孝敬您的妈妈，您就高兴了？妈妈，这就是自私自利。"

"哎哟，儿子，你这可是挖得太深了，我得起来给你鞠个躬。儿子，我这么多年没意识到，我不是爱你，我是爱我自己，因为我把你当成我的了。"

"是的，妈。我孝敬我爸您都不高兴，为什么？因为我是您的。妈，这就是恶，这就是自私自利。量大福大，量小您有福都用不了。'积善之家，必有余庆'，妈，您得修福。您现在量小到连我给爸爸按摩都不能接受，您说最后儿子没福，得了病，您到了医院给我送吃送喝，管什么用啊！"

"哦……那看来以后我还得支持你这件事。"

"妈，不仅这个，'凡是人，皆须爱'。"

"哎哟，这境界太高了，这不就是马列主义、毛泽东思想嘛！"

我说："对啊，无产阶级只有解放全人类，才能最后解放无产阶级自己。我连我爸都不'解放'，我怎么'解放'我自己？您这不符合马列主义、毛泽东思想。"

"儿子，明白了，听得懂。"

你看，通过讲这个道理，让妈妈对这件事基本上有个了解，她就认同了。

说因果，了恩怨——在妈妈和李讷之间

有一天，我给我爸做完按摩，送他上床休息，就准备走了。我妈一跌一撞就回来了，看起来精神特别

不好，嘴里边直嘀咕，恍恍惚惚、语无伦次的。我说："妈，您今天这是怎么了？"

我妈说："真是冤家路窄，你知道我碰到谁了吗？"

"您碰到谁了？"

"我今天碰到李讷了。"

我一听，心里咯噔一下子。

因为，我妈妈跟李讷的过节很深。

一九六四年的时候，中国农村搞"四清"运动，当时李讷还是北大历史系的学生。毛主席老人家特别希望能让自己的孩子深入群众、深入社会，他想让自己的孩子在群众当中锻炼成长，不愿意孩子变成肩不能扛、手不能提，躺在父母的功劳簿上享受的一代；他还希望他的孩子们能够知道老百姓的疾苦，关心老百姓，在实践当中增长才干，学会做群众工作。毛主席的发心是好的。

于是，毛主席就跟当年的北京市市委书记彭真同志商量，说我这女儿有"骄娇二气"，我想让她受受锻炼，参加人民公社的"四清"运动，你给我派一个信得过的、有丰富群众工作经验的女同志，当她的"四清"工作小组的组长。彭真同志说，李讷同志下来搞"四清"，参加社会主义教育，这个责任太大了。

后来选来选去，彭真同志一看，就是我母亲最合适。我妈妈十四岁参加革命，加入共产党，是老革命；又在北京京棉三厂干党委书记干了十几年，棉纺织厂女工多，她有丰富的群众工作经验；而且当时正在朝阳区高碑店人民公社搞"四清"。就这样，把李讷同志派给我妈妈了。

这任务派下来之后，我妈就没睡过一个囫囵觉。那时候阶级斗争很复杂，为什么要搞社会主义教育？就是因为有那种没有教育好的"地富反坏右"，那得随时提高警惕。主席的女儿吃饭，她得先尝；主席的女儿睡觉，她睡在身边，晚上睡觉都得谨慎着点儿。生怕出安全问题，要是有个闪失，谁担得起这个责任！？

彭真同志还交代我妈妈，毛主席有三条指示：第一，不能暴露她是我的女儿，这样不便于她做群众工作；第二，不允许让她入党，因为我知道她不合格，不要因为我，让她入党；第三，"四清"期间不许回中南海，一定要跟老百姓同吃、同住、同劳动。

我母亲是当时的党小组组长，接到毛主席的这个指示，就老老实实地认真执行。像我母亲这种老共产党员一根筋，毛主席说什么就是什么。李讷病了，那就是一碗小米粥。李讷同志想入党，我妈不同意，因为主席说了不让她入党，但这话又不能说。

结果"文革"时，江青（李讷的母亲）在北京工人体育场万人批斗大会上点我妈妈的名字，说我妈迫害她的女儿。为什么？因为不让她入党，不让她回中南海。

"文革"那是多么惨烈！

那个年代你被江青点了名，你能有什么好结果？我妈冤啊！她迫害毛主席的女儿，怎么可能？她吃不下睡不着的，对李讷这么好。这真是晴天霹雳。

当时，我妈妈挨斗，挂着大牌子，戴着钢帽子，我那年十岁，读四年级，在妈妈后面敲锣："我是'反革命分子'万云的狗崽子！……"我到食堂去吃饭，只能去专门给我开的"黑五类"窗口，能吃白面大米，但必须得掺上糠，让你吃糠咽菜。上学的那个教室给我单拼一个桌子，不能跟大家在一起，所有的集体活动你也不能参加。

我母亲最后就被抓到了北大，头发全剃光了，关在楼房里面。因为受这刺激，她就疯了，就老想自杀。要跳楼、摸电门，给她刀子就要割腕……最多的一回，一天自杀十几次，不想活了，觉得太冤了。

那时候，我怕我妈妈死，晚上睡觉前，就在我的手腕上拴一根绳子，把那一头拴在我妈妈的手腕上。因为我是孩子，晚上睡得死，拴个绳子，我妈妈只要一起来，绳子一绷，我就醒了，就抱着妈妈的腿说，妈，您不能死。

我是这么长大的。

十岁的胡小林对父母的孝敬，比五十五岁的胡小林要强得太多了。后来，回家跟妈妈在一起交流，我妈就聊起这一段。她说："你还记得吗，儿子？那时候，有天晚上，都下半夜三点了，你突然坐起来哭。你说：'妈，您傻呀您？毛主席的女儿您迫害她干什么？您拍马屁还来不及呢！我们学校都知道拍老师的马屁，您怎么不知道拍毛主席的马屁？'"我妈妈讲到这儿，我的眼泪就下来了，原来胡小林是有一颗爱心，这么爱妈妈的一个人！"人之初，性本善"，原来的胡小林不是这样的，怎么今天变得这么冷漠？

回过头来讲，我妈妈是因为李讷疯的，疯到什么程度？我印象当中，我妈妈吃西红柿，连西红柿的根都吃，天天抱着大笤帚到外边去扫街。从一九六六年开始"文革"，一直到一九七四年我妈妈才被解放，这期间受尽了煎熬，饱受了凌辱。

最后落实政策了，我妈又重新走到领导岗位上。但是，她不能看刘少奇同志的儿女们写的那些回忆录，不能看邓毛毛大姐写的《我的父亲》，不能看陶铸的女儿陶斯亮写的《一封终于发出的信》。看了以后，我妈妈就受刺激，神经就错乱。

你想她今天中午见到李讷了，能不激动么？我说："妈，您怎么见到她了？"她说："今天一个慈善基金开幕，李讷同志也去了。"这就是不期而遇，我妈妈要知道有她，她就不去了。这见了以后就受刺激了，老太太这一下子把她尘封的回忆又激发起来，她就不能自已了。

如果我不回家，如果我这时候不在妈妈的身边，妈妈谁来劝？我一看机会来了，这时候是度我妈最好的时候，要养父母之慧。今天不走了，我把这衣服一脱，说："妈，您躺着，我给您倒杯水聊聊。""善相劝，德皆建；过不规，道两亏。"妈妈那么记恨李讷，那么过不来，咬着牙切着齿，是错吗？是错，跟众生结怨嘛！该不该劝？该劝。

我说："妈，人有讨债的、有还债的——无债不来。这是您跟她过去生当中结的怨，'文革'中就报了。"

"你少给我玩儿这套，你妈妈十四岁就参加革命，我一点儿坏事都没干过，我干吗要遭这个怨？我干吗要遭这个报？"

"妈，前世今生，您这一辈子没跟她结过怨，您当好人，上一辈子呢？唐朝时候呢？汉朝的时候呢？您怎么知道您没害过人家？"

"你要这么讲，那我心里舒服点，那就是过去我也曾经这么害过她。"

"对，妈，无债不来。"

"那假定我要没害过她，她对我这样呢？你也没看见，你小子有这个神通吗？你把那唐朝给我调出来，我看看我是怎么害的她。"

"妈，我是没这神通，但是佛菩萨有，他是这么说的。如果说您过去生当中没害过她，您没欠过她这个债，《了凡四训》有一句话，'人无辜被恶名者，子孙往往骤发。'您是无辜被恶名吧？'文革'给您打成'走资派'、'反革命'、迫害毛主席女儿的黑帮，您多无辜！全中国我看这么多人，没有说谁害毛主席家人的，您是唯一的一个。"

"妈，您给李讷磕个头吧！"

"我凭什么？"

"您儿子今天发了没有，生意做得好不好？身体健康，得了癌症又好过来了，大难不死。碰到净空老和尚学了佛法，心情愉快。您说这算发了没有？"

"那你这是发了，红得发紫了都。"

我说："您知道是谁的功劳吗？谁给您的恶名？江青和李讷。您是无辜被恶名，所以子孙往往骤发。我今天这个好，难道说不是她给咱家带来的吗？学佛是头等的大福气，净空老和尚耳提面命，多大的福报。所以，对曾经迫害过您的人，给您栽赃陷害、整过您的人，要感恩她。您买房子，买车子，请司机，请保姆，那都是李大姐给的钱。"

"哦，还真是啊，你们佛是这么说的？"

"对啊。佛这么说，圣贤都是这么说。得感谢这些曾经害过我们、冤枉过我们的人。"

"哦，那要这么想，我就舒服多了。儿子，今天你别走了，你给妈妈讲讲这个李讷是怎么对我有恩的。"

我平常给老太太讲佛法，她不听，她没有痛处，没有这个需要。今天李讷这个事是她心病，她特别想听听你怎么说。所以，净空老和尚说，佛菩萨比众生慢半拍，主动的叫攀缘，被动的叫随缘。今天是我被动，妈妈主动留我，因为她想听听，怎么能化解这个冲突。她很痛苦，她有真实的需要。要搁我以前，"行了，我这也挺累的，这中午我还得睡一觉，咱有什么话明天再说吧！"不行。众生有求，佛菩萨就得应，那不就是"随众生心，应所知量"嘛！今天妈妈不希望你回去，那就不回去了。我说："妈，我非得借这个事给您讲明白了，为什么李讷是我们的恩人。"

我特别喜悦，终于找到一个我妈妈想听法的契机了。《了凡四训》上说："失言失人，当反吾智。"失人，该说的你不跟他说，你失人；不该说的你说了，你失言。你看这时候就该说了，这时候该说你不说，不就失人了吗？你就把妈妈给失掉了，度化众生的机会你失掉了。

我说："妈，给您举个例子吧。比如从咱们家到西单，知道吧？"

"知道。"

"那您要坐出租车吧，或者坐地铁。给您出钱买票的，您觉得好不好，感谢不感谢？"

"感谢，那是帮咱们呀。"

"给您钱买车票的，这叫增上缘。再一个，您背了一千斤的包袱，有个人帮您把包袱卸下来，这叫逆增上缘。她虽然不能给您钱，让您买车票到西单，但是她可以把您肩膀上的负担，也就是业障，给消掉了。那帮您卸包袱的人和给您买车票的人，那不都是您的恩人吗？李讷就是帮您卸包袱的，共产党、毛主席就是给您钱买车票的。妈，明白这个道理了吧？"

这时候，老太太愿意听。她说："儿子，你到外边全是这么给别人讲？那些人得多高兴。"

我说："是，妈，您听了高兴吗？"

"我特高兴，儿子，我本来想让你给我拿速效救心丸，这下我不用了，你这话就是速效救心丸。"

这个故事对我的教育很深。不是我们同修找不到度化父母的机会，是因为我们心浮气躁，没有在他们身边共同面对他们所感兴趣、他们所困扰、他们所难过的问题。我们想讲自己感兴趣的事，我们想跟他们说自己想说的事，我们并没有把人家的想法放在心上，把人家的需要放在心上，这就是为什么广大同修不能得到父母认可的原因。你想说的人家不听；别人想说的，你要么说不清楚，或者你那时候不在，或者你不感兴趣，或者你还要训斥别人。那佛法给你带来的是冲突，给你带来的是断沟：你说你的，我听我的。

我原来跟母亲在一起，每次回家都得给老太太抄一个净业三福第一福的大字。

　　"妈，看看这个吧，'孝养父母，奉事师长，慈心不杀，修十善业。'"要不就给她带条老法师的墨宝，"妈，您该念念这个了，'都摄六根，净念相继'。"

　　"什么呀？儿子，我听不明白。行，谢谢你，放那吧。"

　　菩萨所在之处，令众生生欢喜心。她不欢喜，问题不是出在妈妈这边，是出在我这边。

　　所以，我妈妈听了《了凡四训》这段"人无辜被恶名者，子孙往往骤发"以后，我一回家说签了合同，她就说："这又是我当年遭那个不白之冤给你带来的吧？"

　　我说："妈，没错，就是这么回事！"

　　"儿子，那咱们真得感谢她，我哪天得请她吃顿饭，我得把她先生也请出来。她也挺可怜的，身体不好，咱们是不是还要给她带点儿钱？"

　　"妈，这就对了。真的是这样，每个人对我们都有恩情。"

凡是人，皆须爱——平等对待小阿姨

　　回到爸爸妈妈身边，是要跟他们一起生活，要跟他们一起面对喜怒哀乐，一起面对生活的难题。我的父母年纪大了，我就给他们请了两个阿姨。

爸爸跟我说："儿子，我觉得特别不好意思。小易是个女孩子，背井离乡来到了北京，给我伺候屎尿。一个女孩子给我弄这个，给多少钱我都忍不下这个心让她干。"

我说："您老人家需要人照顾，她是学这个的，咱们给的工资不低，也是个就业机会。另外，她这也是修福，咱不能断了人家福源。"

"怎么回事，她为什么修福？"

"爸爸，佛门当中说布施，她在您这儿照顾您是无畏布施。她在您这儿修了福，她以后健康，她的孩子以后能上大学；另外一个，'事诸父，如事父；事诸兄，如事兄。'她照顾您跟照顾她的爸爸是一样的，她在您这孝敬老人，这是德行当中的第一德行。这境界了得吗？"

"爸爸，现在的问题不是不让她干，现在的问题是我们怎么样对她更好？不让她干，不是对她真好。关键我们要让她知道不是为了挣钱干这个的，怎么能让她明白？——看《弟子规》呀。"

"你说这个事简直太难了，人家不为挣钱，到咱家来干什么？"

"爸爸，最高的境界是什么境界？您吃饺子是因为有营养才吃的吗？哦，这饺子里边有纤维素、有蛋白质、有维生素、有微量元素，您才吃这饺子吗？不是。您是因为享受这个饺子的美味。但是您享受着这个美味，这些营养已经在里边了。我们要让小易提高境界，让她在欢喜当中认识到修福的重要性，钱也挣到了，福也修到了，这是最圆满的。所以，关键的问题不是不让她干，是让她生起感恩的心，让她明白道理，让她知道修福。"

以前，我们和小阿姨不在一个桌上吃饭，我们吃完了阿姨才上桌。菜都是我们吃剩的，筷子都动过了。那么我们怎么能让人家知道这些道理呢？我说咱们得做呀，咱们一直就是认为人家是下人，吃饭不在一个桌上，什么好吃的菜，从来不给人家留。好吃的东西给老人先吃，那我们也要在阿姨之上吗？

我说："第一个要做的，就是每次吃饭能不能做到让阿姨上桌。"爸爸说："行啊，反正就咱爷俩吃饭嘛，你妹妹在外边上班，你妈妈外边有应酬，回不来。加上俩阿姨，四个人一起吃，挺好。"我爸爸真做到了，让阿姨上桌吃饭。

这对我是个考验，因为我一直是分餐制，就是用公筷嘛。爸爸家吃饭没有公筷，都是各捞各的。我跟我爸爸在一起吃，可以不用公筷，但是我们跟阿姨一起吃，阿姨没事，我不行啊！我想摆公筷，老父亲本来眼睛就不好，你再给他增加一个公筷，那多麻烦。

这也是看自己的境界，为什么不能跟阿姨在一个盘子里吃饭，她的筷子动了的菜我就不能接受吗？所以，时时处处都要提起警觉。我想，能不能平等，该不该平等，这种平等我能不能面对？我就要跟着阿姨一起吃饭，我就要不用公筷，她们用她们的筷子，我们用我们的，大家在一个盘子里搅和，能不能做到？不能做到，没别的，你去不了西方；能做到，能做到你小子有进步，也没别的。

我们把阿姨请到桌上，就这一个举动，阿姨就特别感动。阿姨本来认为在你们家就是给钱干活，是利益的关系，君子为义而为，小人为利而为。那我们如果利用这种利益的手段，把阿姨留在身边，那阿姨最后变成小人，你可不能埋怨阿姨，因为你是用小人的手段来对付人家。"苟不教，性乃迁"，你用这种小人的方法来跟她相处，就是一直教育她要做小人。

开始她们跟我们一起吃饭紧张啊，长期居于弱势。我就主动给人夹菜，"小杨，吃茄子。"那边还有炒肉菜呀，那肉菜我能下筷子给人拨拉吗？能。

"哎哟，大哥，您是吃素的，这是回锅肉，怎么能让您拨拉呢？"

"没关系，没关系。"

"我自己来，我自己来。"

你要是对人一分真诚，人家就会你回报一分真诚。"将加人，先问己；己不欲，即速已"。还有句话说"己所不欲，勿施于人"，这句话家喻户晓，但真正做到的没几个。我们如果作为下人，背井离乡来到别人家当阿姨，我们希望别人怎么对待我？我们希望别人给我们吃剩饭吗？

对这个事情，妈妈很不同意。她说："儿子，你是真菩萨，你那个心是真大，我们可不行，阿姨怎么能上桌吃饭？这么多年了都不上桌。"

《弟子规》上说："善相劝，德皆建；过不规，道两亏。"妈妈这话不对，怎么把妈妈劝过来？

我说："妈，这俩阿姨就跟您的孙子一样大，一九八四年生的。咱们家的孙子要到外边去，也会给别人服务。人家要这么对待咱们家的孩子，您是什么感觉？您是奶奶，您心疼孙子，对吧？如果他说到了一家，那家对咱们孩子特别好，您是什么感觉？"

"那我太感谢他了，我得给他烧高香。"

我说："是啊，人家的孩子也是孩子，怎么到了人家的孩子这儿，就不让上桌，人家也是爷爷奶奶的孙女，'将加人，先问己；己不欲，即速已'，'事诸父，如事父；事诸兄，如事兄'，'凡是人，皆须爱；天同覆，地同载'。这都是《弟子规》上教的。像您这老一代共产党员，也强调群众路线，关心群众生活，密切联系群众，这不都一样吗？怎么到了阿姨这儿，我们就有这种分别，把人家看成下人？我觉得这个风气得改，妈，除非咱们家桌子确实坐不下。"

你看，这不就是布道吗？这不就是给爸爸妈妈讲平等吗？原来妈妈是不接受的，现在一吃饭，"小杨、小易，你们都上来吧！"心量扩大了。

《安士全书》上说，家里有穷人来，这是你修福最好的机会，谁愿意从安徽背井离乡地跑到你家来当阿姨，那是不得已。这是修福最好的机会，要随这个缘，好好善待她们。

我爸爸眼睛不好，他吃饭容易起急。小阿姨在身边照顾，那得多紧张啊。糖蒜在哪儿呢？酱豆腐呢？她稍有闪失，他就不高兴。"善相劝，德皆建；过不规，道两亏。"我怎么劝我爸爸？也是这样劝。

我说："爸爸，您都有孙子了，是吧？您想如果您的孙子在外地，到别人家去打工，您希望您的孙子是怎么样？如果别人家的主人照顾您孙子，对您孙子好，您高兴不？"

"那当然了，那要是说对我孙子好，那我这千恩万谢呀，感恩戴德呀。"

"爸爸，今天来到咱们家的阿姨，全都是别人家的孙子，为什么您对您的孙子是一种态度，对别人的孙子就是另外一种做法呢？"

老人家他很少掉眼泪，我说到这以后，他眼泪下来了。为什么？孙子是他的最爱呀，隔代亲呐！你拿孙子这根琴弦拨动他，那还了得吗？

打那以后，老爷子再也不跟阿姨发脾气了。公安部发一个丝棉被，想着给阿姨，有点钱就给阿姨，逮个借口就给点钱。我们要是不回到父母身边，哪会有这些事情发生呢。

还有一次，有个阿姨过生日，说请一天假。老父亲问我说："今天怎么没见小杨啊，没听见小杨的声音。"

我说："今天人家过生日，咱们放假一天，让她出去跟女儿坐一坐、聚一聚。"

老父亲跟我说："哎哟，儿子，咱得落实《弟子规》了。人家阿姨从安徽到咱北京来，这么苦，咱们得给点钱呀。我这有钱，你看给她多少合适？"

我说："给她五百吧。"

那时候我爸爸就已经病了，拿着这个钱，阿姨就哭了：姨夫病这么重，还想着我的生日，还给我五百块钱让我过生日……

后来，我妈妈跟我说，小林，我就觉得你回来以后吧，有一个变化，这俩阿姨没矛盾了。原来分得特细，谁洗衣服谁做饭，谁照顾屎尿，谁去负责收拾屋子，谁负责买菜，多干一点都不行，天天吵。

阿姨跟爸爸妈妈待的时间长，人心换人心，你尊重阿姨，你对阿姨像对待自己的孩子一样，谁得利益？二老得利益。让阿姨上桌吃饭，不让她感到有分别，阿姨跟咱们家就同心同德。

这就是至诚感通。我爸爸临终的时候，谁都喂不进药。我们得兑上蜂蜜，趁他睡着的时候，用棉签一点儿一点儿地给滴进去。但小易阿姨说："姨夫，喝点中药吧。"他一听这声音就答应："哦，你让我喝我就喝。""咕咚"就把药吃了。七年了，每到这个时候他就像小孩一样，小易就像妈妈一样。

在遗体告别的时候，小杨阿姨扑通就跪那儿了，哭得最厉害。人家不是咱们的女儿啊，人家为什么把这头磕下去呢？至诚感通啊！

将心比心，成全一段恋情

因为我父母和妹妹一起过，回家以后又遇到这么一个问题。妹妹的孩子，就是我的外甥，考上加拿大的研究生了。我为外甥高兴，就请外甥跟他女朋友到外面吃饭。外甥是回民，爱吃牛羊肉，怎么办？到底是为了自己吃素，领着外甥去吃全素斋，还是领着外甥吃他们两口子最想吃的东西？你说回家跟家人相处不是佛法吗？素是为自己，荤是为别人。《了凡四训》上说"利人者公，公则为真；为己者私，私则为假"；佛说"随众生心，应所知量"，"菩萨所在之处，令一切众生生欢喜心"。要落实——得请外甥吃日本菜，烤牛肉。

佛说跟众生打交道有四种方法，其中，第一个，布施。咱们中国老话说：没有打送礼的；礼多人不怪。这就是佛门当中说的布施。第二个，爱语。佛在经上说得很清楚，三种语言谓之爱语：第一叫慰喻，人家有灾有难，有苦有病，你要说就说这个，安慰人家；第二是庆悦，高兴，考上大学了，买了房子了，学会驾照了，祝贺人家，我们佛门当中叫随喜；第三种叫胜益。

外甥上学的学费十八个月二十万人民币。这是喜事，得布施啊，学费我掏啊。舅舅今年五十五岁了，外甥二十五岁，从来就没给过钱，根本就忽略了我这个外甥的存在。现在学佛了，得做好样子，得让众生对佛法生起信心，那就得做个有心人。

所以，拿出钱、拿出时间、拿出精力来祝贺。还有一个问题。爸爸妈妈觉得外甥的这个女朋友，老拉外甥的后腿，对他女朋友有意见，看不上人家，这就是很现实的是非人我啊。这不就是锻炼你的地方吗？"我觉得这女孩也不怎么样。"因为爸爸妈妈看不惯你就顺着他们说，这叫孝顺吗？这叫悖德。外甥上学你给钱，这容易，请他吃顿饭容易，能不能把父母的观念转变过来，让爸爸妈妈喜欢上这个小姑娘？

爸爸妈妈这时候扮演的角色是病人，他们的病你治不好，你将来得了这病你也治不好自己。所以佛门当中说，自度就是度他，度他才能自度，自他不二。所以

《弟子规》就是佛法，它让我们"善相劝，德皆建；过不规，道两亏"，劝谁？是劝自己。

你不得感恩吗？你不得感恩爸爸妈妈在你面前说外甥女朋友不好这件事吗？不是他们给你出了这张菩提考卷，你怎么知道有没有智慧把这个答卷答圆满？道场在哪里？在家。"家有父母在，何必远烧香"，你去打佛七，你跪着烧香磕头，家里的事儿你解决不了，那不叫学佛。"敦伦尽分"，你既然是舅舅这个伦，你就要把外甥这个分给尽了。这是学佛人该干的。

我对爸爸妈妈说，这个女朋友大学四年照顾您的外孙子，他连衣服都不会洗，人家帮助您的外孙子，不得感恩吗？再一个，上研究生人家不反对，人家提出先结婚，这个要求很正常。人家二十四岁了，外甥上研究生，两个人天各一方，万一到时候情况变了怎么办？我说，妈妈，搁您，您不也得这样想吗？"将加人，先问己"啊。所以，女孩子提出这个要求不是拉后腿，人家有人家的道理。

之后，恰好有这么一个事情：女孩在香港看到日本产的热敷眼贴，是缓解眼疲劳的，一次性的。使用这种眼贴非常方便，打开就是四十度的温度，直接敷在眼睛上。她知道我爸爸眼睛不好，就给他买了。她说让爷爷试试这个。我爸爸用了之后觉得特别舒服，觉得又简单、又方便、又干净。后来，我就让秘书上网查在哪儿能买到，我给父亲继续买。

我得抓住机会教育啊。我说："爸，舒服吧？"

"舒服，真是太舒服了！"

"爸，谁给您买的？您儿子给您买了吗？您那外孙子给您买了吗？没有。是人家小苏给您买的。爸爸，这一滴水就能反映出太阳的光辉。您老是看人家孩子不好，您说这孩子有没有可取之处？"

"哦，这孩子还是很有同情心的。"

我说："是啊，爸爸。女同志想有个依靠，找个依托，这是人之常情，是吧？您说您和妈妈那段感情，'文革'受了那么多冲击，妈妈对您不弃不离，您对妈妈不弃不离，怎么到了外孙子身上，您就不理解这种感情了？人家外甥两口子有这样好的感情，您不应该感到庆幸吗？我们认为人家是看上咱们的钱，看上咱们的地位，找到咱们是找到安全感，爸爸，这样不对啊。"

还有一件事，我父亲当年上的是国立小学，每天早上起来得念孙中山先生写的三民主义，"平等待我之民族……"。老人家呢，背不下来，但又特别喜欢这段文字，跟我说了不下十次。我就成天让他念《阿弥陀经》，说您别学那个了，都什么时候了，您还弄这个？什么三民主义，这不究竟、不圆满。

结果人家跟我这个外甥的女朋友一说，她第二天就上网找到，打印下来。每天中午吃饭，人家就给爷爷念。有些字不太好懂，人家给查字典，给标注上拼音，然后给爷爷讲。知道爷爷流哈喇子，有些时候会弄脏，还把那个纸给塑封上了，给弄得干干净净、整整齐齐。

我爸特别高兴，给压到枕头底下。其实，他每天都想听听这个，因为对他来讲，这是他小时候的回忆，那时候有很多温馨、很多憧憬，当时他是有未来的。今天他没未来，他除了回忆之外，还有什么？连这点回忆，我都做不到"随众生心，应所知量"，这外甥的女朋友做到了。

谁是菩萨？人家这还没结婚呢，跟你爷爷奶奶八竿子打不着的，而且你爷爷奶奶对人家没有那么大的恩情。你看人家怎么对待爷爷奶奶，我是怎么对待的？"见人善，即思齐；纵去远，以渐跻。"普贤菩萨十大愿王当中第二大愿王，称赞如来，人家小姑娘表演的这一套，那不就是如来吗？教育我呢。

我就抓住机会提醒爸爸啊。"爸爸，您看您跟我说了十几次，这是您最愿意听的，我都没想到让我秘书给您找这个。人家孩子多用心，是好孩子，咱们得看到人家身上的优点。"

"会办事，两头瞒；不会办事，两头传。"我爸不是老去看病嘛，我就买了个围巾。我就说："爸，小苏给您买了个毛围巾，让我给您送来，您看这孩子多懂事。"然后，我赶紧给小苏发了短信，"我替你给爷爷买了个围巾，问起来就说你买的。""哎呀，谢谢舅舅，代我行孝。"

这是瞎话吗？这是瞎话。"利人者公，公则为真；利己者私，私则为假。"瞎话是为谁说的？为了别人说，这瞎话是功德。所以佛门当中不论事，论心，关键在于存心。所以不是说不能说瞎话，关键是看为谁。

另一方面，我又跟外甥的女朋友谈。因为这个问题得解决呀，小姑娘有这个要求。我说，舅舅有个提议，我把钱借给你，你陪着梦梦一起到加拿大上学，等你有钱了你再还给我，你也年轻，别老想着找工作。谈完以后，小姑娘掉眼泪了，觉得舅舅对我们太好了，外甥上学给钱，然后为了让我们两人在一起，又出钱让我去学习。我说，这个你不用谢，希望你们俩多学习，多成就，读万卷书，行万里路。外甥的女友就跟外甥说，舅舅真伟大，这么为咱们考虑，我也想跟舅舅要点佛法来学学。

这个不就是接引众生吗？前面说的四摄法的第三条就是利行。利行是什么？有利于他的行为。后来，外甥也跟我说，他原来对佛法不是很了解，通过舅舅每天回家帮爷爷按摩，伺候爷爷，对佛法有了新的认识。

所以，一方面，劝说父母，让他们改变对外甥女朋友的看法，让他们看到人家的优点，人家的长处；另一方面，学为人师，行为世范。要给年轻人做好样子，要让他们对佛法生起信心。如果他们对佛法生起信心，那这个儿媳妇娶到家里来，我妹妹能得多大的利益啊？

父亲的五十万遗产

我爸爸有五十万块钱存款，这是他一生的积蓄，包括我给他的钱。老人家爱孙子，他有三个第三代，我有俩儿子，我妹妹有一个。我回家每天跟他在一起，他就跟我聊天。

他说："儿子，我这五十万块钱，我三个孙子分，我特别高兴，一人十七万。这是我一生的积蓄，我的离休补助，抗日战争的老干部国家的各种补助，我要留给孩子们。"

我说："爸，这个咱们再商量，这三个孩子都不需要钱。"

"那不行！这是我的一份心意，我跟你妈说了，我现在眼睛也不好，也走不了道，这个定期存款我也取不出来，到时候你记着这事，得公平，甭管外孙子还是咱们家的孙子，一人十七万。"

咱们学佛的人知道，这钱你给孙子，不如拿出来供养三宝。但这是他的心意，一辈子他就这么点念想：孙子能用我的钱，我高兴，我这才是当爷爷的。每个人都有被需要的欲望，都希望他的存在能给别人带来利益，能给别人带来变化。这是善良的，是积极的。老人家这个心，爱孙子这颗心那是善心。他没有闻习佛法，不懂得传统文化，他这么做就已经是相当难得了。

刚开始回家的时候，我爸爸跟我谈到这一段，我当时还很傲慢。

我说："爸，这叫愚痴。"

他说："什么？我把这钱给孙子叫愚痴？那你给我说说，不愚痴应该怎么样？"

"爸，应该拿出来印经，这对您老人家有实际利益。"

"你别跟我玩这套！"

随着伺候老人家，给他按摩，带他看病，帮助他解大小便，真实的关心、真实的爱，他慢慢地就能听进我的话了。我如果做不到，我就劝不到。所以，《弟子规》上说的"善相劝，德皆建"，这个善是什么善？这个善是说劝人要有技巧，要会劝。那怎么才叫善劝？怎么你才能会劝？你真爱他，你真为他好，这就是善劝。

几个月过去以后，有一天我们爷俩聊天。他说："儿子，你真辛苦。"因为我每天回家给他按摩，先是按摩脚，从脚到小腿肚子，从小腿肚子到膝盖，从膝盖到大腿。然后，让他翻过身来趴下，给他推背，推完背让他坐起来，给他捏肩膀。我爸爸看不见，但是他心疼我。

"儿子，你好不容易回来一趟，行了，已经四十分钟了，差不多了，该吃午饭了。"他这一推我的胳膊，我胳膊上全是汗，他有感觉。

他说："儿子，你出这么多汗，不行不行，你不能再给我按摩了，我实在是不落忍。"

"爸，别价，难得今天您的状态不错，又不用去医院，大便也都解决了，现在咱们没吃饭之前，我多给您按摩几分钟是几分钟。"

"儿子，真是。我这一生，最幸福的就是这最后的几个月，你真的变了。"

"爸，您觉得我表现怎么样？"

"儿子，真没得说，咱爷俩的感情是越来越深了，这几个月是我真幸福的几个月，最幸福的几个月。"

我说："爸，您想如果天下的父母都像您这样，他们身边都有一个像胡小林这样的儿子，能够爱爸爸、能够回来照顾爸爸，您说天下的父母得多高兴？得多开心？"

我爸说："对，那得教育，那得倡导。"

"所以呀，爸爸，您那个钱如果拿出来印了这些资料、刻了这些光盘，送给别人，他们要看了这些盘受了教育，都像我一样回到家照顾他们的父母，是不是好事？"

"那天下的父母得多幸福，我们太需要儿女的照顾了！"

"是啊，爸，这三个孙子不缺这钱，现在社会上最缺的是什么？最缺的是教育。爸，这个钱给了孙子好，还是拿出来刻制这些光盘、购买这些书籍给社会大众更好？"

我爸明白了。"行，儿子，就这么着吧。这五十万块钱我交给你了，这是我一生的积蓄，我愿意拿出来印《弟子规》。你的成就鼓励了我，我觉得现在天下最缺的就是这份孝心，这个钱花到这个地方是个点儿，花对了，留给孙子是不对的。"

你看，"善相劝，德皆建；过不规，道两亏。"怎么劝父母回头？孝感天地呗。《了凡四训》上说，别人不同意你的意见，别人不能按照你说的去做，皆是己之"德未修，感未至也"，你的德行没修到那儿，你的感化没到那儿。你真正身体力行做到了，没有一个不跟着你走的。所以，我们在父母身边要做出来，要把《弟子规》演出来，真正地把他放在心里头。

因为咱们是学佛的，知道我爸爸如果能拿出这五十万块钱，用在这个地方，按照《地藏经》来讲，对老人家身后的利益太大了。

所以，我们孝养父母不是简单地给钱，不是简单地回去，不是帮他们盛饭……当然这都要做，但更重要的是给他们开智慧，把你学到的东西告诉他们，跟爸爸妈妈共同进步。原来我爸爸这五十万块钱根本就不能碰，后来老人家十一月二十八号过世了，我立刻拿了存折，把钱取出来，投入到法宝的制作了。

这个钱是三个人的钱，爸爸没留下字据，但妈妈和妹妹都在，为什么你说拿出来就拿出来？妈妈是这样跟我说的，"好样的，儿子，这个钱就应该干这个，你爸爸不说我都得说。因为你是个浪子，你是被它们教育回来的，我们要再用这种资料把更多的浪子教育回来，胡主席说的和谐就能实现。"你看看人家这个境界。

我问妹妹："妹，那你这三分之一呢？"

她说："哥，没什么说的，你说怎么办就怎么办。"

"妹，哥有钱没有？"

"你有。"

"这五十万我给你，爸爸这五十万，你一分钱都不能碰。你相信哥哥爱爸爸吗？"

"那你对爸爸是太爱了，你对爸爸没得说。"

我说："你要相信哥哥爱爸爸，哥哥用这个钱不会给爸爸带来殃，不会给爸爸带来灾，是帮着爸爸修福。我知道你比我缺钱，你是打工的，你给我一个月的时间。因为我有种执著，我就希望尽快从银行拿出这四十八万三千块钱，送到制作法宝的点，这是爸爸的血汗钱，一生的积蓄。明年我再给你拿五十万来。"

"哥，我不用，我不要。"

"你要不要是你的事，哥不要这钱，我明年给你五十万。爸爸这四十八万三千，连利息带本咱们捐出

142

去，咱们都爱爸爸。虽然我们今天没有能力看到爸爸在什么地方，不知道他的近况怎么样，但是佛在经典上告诉过我们，有一条我们是知道的，只要爸爸的孩子能够断恶修善，爸爸无论在哪一道都能得到孩子的利益。"

至诚感通
——家人对我学佛的认可

前面说过，我们学佛首先应该回到家里，家是修学的好地方。我最初以为我们是学佛的了，要回家去度家里人，觉得他们是一片饥荒的土地，我们是雨露甘霖，我们得洒在这片饥荒的土地上。所以七月底刚回家的时候，我可了不得了，我乘愿而来，我们家那房顶都快破了，让我这气势给冲的，牛啊，大德啊！众生无边誓愿度啊！我就带着一股傲慢习气回到了家里。

我踌躇满志，我要救赎我的父母，他们不学佛，他们很快就要面临人生的最后一站，在这千钧一发之际，我要让爸爸妈妈觉悟。但是，在照顾父亲和父母相处的过程中，一个个大嘴巴扇过来，谁让谁觉悟？爸爸妈妈着着实实地在发我的露③，所以你才会忏悔。

"菩萨所在之处，令众生生欢喜心。"我给父亲买念佛机，并没有让他欢喜。那么，"行有不得，反求诸

③ 发露：显露表白所犯之过失而无所隐覆。《佛学大辞典》

己"，《了凡四训》上说了，"行有不得，皆己之德未修，感未至也"。你得让你身边的人真正得到你学习传统文化的真实利益，这些人才会跟着你走。你不真正地让他们得到舒服和方便，你要度人家，人家根本就不接受。那怎么办？就得真干。至诚感通，这样坚持做了几个月之后，家里人的态度就发生了变化。

原来爸爸妈妈不爱听我讲佛法。老人家都是老共产党员，一辈子受的是辩证唯物主义的教育，历史唯物主义的教育，物质决定精神的教育。他们说，佛，那是唯心，你别太痴迷了，还是要相信科学，还是要唯物主义。我一回家，我爸就说："儿子，走吧，走吧，你挺忙的。"后来我父亲跟我说："你知道我为什么当初轰你吗？我跟你在一起我别扭、我紧张，因为你动不动就数落我们，了生死、出三界，什么业障重，六道轮回……特紧张。你一走我们特堵！怎么了？！你回一趟家就不能说点别的吗？"你想让他们看我的盘？不可能。你学佛我们家怎么着，你不学佛我们家又怎么着？

随着几个月的相处，就不一样了。不但我妈看盘，我爸爸也跟着听，说儿子讲什么了，我虽然看不见盘，我听听盘。这个我是从来没想到的，因为每次论坛发言都得三四个小时。他眼睛看不见盘，看不见电视，他就听着电视的声音，他那叫听电视。听完电视他还跟我讨论，他说，儿子，你的盘我都听了，讲得不错，但是理论少了点，事太多，这个佛法关键理论要讲清楚，要让人信。

前面提过，我刚开始回去的时候想给他洗脚都不行，老让我回公司上班，拒绝我，到后来呢？依赖我。他会和那小阿姨说，这西红柿不能吃了，我儿子不让我吃的，我儿子说西红柿凉，现在应该多吃点萝卜了。他每天十点多钟就看表，天天盼着我回来，我路上堵车回来晚一点，他看到我就说："儿子，你终于回来了，怎么了，堵车？真想你。"

现在，老太太也经常主动打电话问："儿子，你现在是佛菩萨呀！你给妈妈说说这事我错在哪儿了？"她开始咨询了，她开始发问了。为什么？为什么原来不打电话问？为什么现在打电话问？是因为你做得好。她说："儿子你真是做到了极致，你做出来了。"

而且，后来给我父亲按摩的时候，他会说，"儿子，咱别老按摩了，肢体上的按摩不重要，念念净空法师的信，咱们来点精神上的按摩，这也很重要。"

我说："您想听点什么？"

他说："你看给总统写的那封信写得多好；给李显龙总理写那封信不让开赌场，讲得多好；说庐江中心的建设问题、办学问题，讲得多好。可不得了，这个人。"

"你能见到他吗？"

"能见到他，我就是他学生。"

"就是他教的你？"

"就是他教的我。"

"咱们真得感谢人家，你是真有福气，你怎么碰到这么一个大德，你怎么碰到这么一个伟人，这就是圣人，儿子，你一定要好好地学。"

我妈呢？她说："原来我对这个老法师没什么好感，一个出家的法师带着我儿子成天这不吃、那不吃，营养够吗？成天跟那儿念经、跟那儿学佛，什么事都不干，公司也不管，这业务要耽误了怎么办？"

后来有一天，她老人家非常平静、深沉地跟我说："儿子，你做到了，你就是活佛。"

我说："妈，我真的不敢当，我真的不是活佛。有一尊活佛，那就是我的老师——净空老和尚。您觉得我有变化吧？"

"有变化。"

"您知道我的变化怎么来的吗？老和尚教的，这才教了三年多，不到四年，就这样了。原来您儿子什么德行您是知道的，今儿洗心革面，老法师把一个漂漂亮亮的儿子，孝孝敬敬的儿子还到您身边。"

我妈说："其实，儿子，我心目中最尊重的就是老和尚。我很景仰他，因为我爱你有多深，我就有多尊重他，因为你真好了，他教的，他把我的儿子教好了，我得感谢他。这是第一句话，我敬重老人家。第二，我知道我今天想拜他为师，我不是一个合格的学生，因为我还在吃肉，什么时候等我不吃肉了，我就去拜他为师。"

我说："妈，您知道吗？这老和尚的境界不得了，他老人家在讲经的时候说，世界上没有任何一个人，我不能原谅；没有任何一个人，我不应该感恩；没有任何一个人，我不应该学习。妈，这就是老和尚的境界。"

"哎哟！你妈完全理解老和尚，我得向他努力，现在李讷我还不能原谅，我也得争取原谅她，天底下没有我不能原谅的人。"

我们怎么报师恩？老师、佛菩萨给我们带来这么大的利益，我们怎么报？第一个报恩的点就是家，让爸爸妈妈真实地从你的身上看到佛法给你带来的变化，浪子回头金不换。今天对爸爸妈妈这么孝敬，为什么？因为佛的教育，因为老和尚的教育。那为什么以前爸爸妈妈对老和尚就不认同呢？问题不在老和尚这边，在你学生这边。老师教育你如何孝养父母，你把父母孝养好了，父母自然敬重老师。父母敬重老师，那就是"奉事师长"。

咱们这是在替自己修福。老和尚讲经说法，弟子们要都有福，他能走吗？他不会走。

所以，我们与其撅着屁股在老和尚面前磕头、烧香，不如回家好好孝敬父母，这是真实的孝养师父，是他老人家最想看到的。佛在经上说，供养当中法供养为

148

最，法供养当中什么为最？依教修行为最，你要照他说的去做。

我在二〇〇七年开始学佛之后，在各地讲的光盘，原来我拿回家，家人从来不听，包括我妹妹和我妹夫。大家可能觉得奇怪，为什么不看？你讲得挺好的。在企业落实《弟子规》，做了这么多工作，听老和尚的话，老和尚又这么肯定你。

人家为什么要听？你做什么了？我们家哪一件事是你帮着解决的？爸爸看病你陪过吗？妈妈买衣服你陪过吗？家里小保姆走了，是你负责到三八公司招的吗？家里漏水了是你叫人修的吗？家里出现矛盾是你调解的吗？你什么都没干，你就知道到外边去讲什么传统文化、什么孝亲尊师……所以，我妹妹他们从来不看我的盘。

不仅如此，我刚回到家照顾父亲的时候，我妹妹还嘱咐家里的小阿姨，告诉她们千万别让我哥哥生气，哥哥脾气不好，哥哥说什么你们得忍着，哥哥走了以后，你们再爱说什么说什么，哥哥在家的时候，不允许跟哥哥有不一致。我妈也说了，这"日本宪兵"现在常住了，原来是一个月回来一次，现在好啦，每天都回来，这个日子什么时候是个头啊！

她最近才跟我说，哥，我们现在在看你的盘。她在外边有一栋别墅，周末她就领着她的先生、领着她的同学到那去度周末，拿着我的盘，就看我那些向大家汇报、讲课的盘。

为什么学了四年她都不看你的盘，现在开始看了呢？因为你做到了，她开始敬重你，觉得你真不容易。她原来以为我每天中午回家照顾父亲，最多能坚持一个礼拜就不错，没想到天天这样坚持。妹妹被感动了，怎么会被感动？

她看到我为了给父亲按摩，得了很严重的腱鞘炎。大夫都再三地劝，说你不能再给你爸按摩了，右胳膊比左胳膊粗了好多，这个已经不平衡了；你不是按摩大夫，你不懂得按摩，不懂得放松，这是不对的。

我妹妹后来就跟爸爸说："爸，您别老让哥给您弄了，哥哥现在右手大拇指全是肿的，您知道吗？每天咬着牙给您按摩。一身一身的汗，那汗不是累的，是疼的！"

她说："哥，我以前根本就不看你的盘，我觉得你们只会说不会做。但是现在，我发现你真变了。爸爸那个裤衩那么脏，你都能够给他洗出来，而且你连手套都不戴。哥，你可真行。而且你每次给爸爸按摩完，那手指甲缝全是那黑袜子的颜色，你吃饭的时候连手都不洗，抓那个烙饼就吃……"

自度才能度他，我妹妹才明白，学佛的人是这样的。她对我说："哥哥，你这几十年，几年就是一出。原来说锻炼身体要跑步，一个礼拜跑三次，每次十公里。

后来你又要减肥，天天熬山楂，一天雀巢咖啡两大罐子。之后又是吃赛尼可减肥药，又蹬自行车，又登山。后来又弄风水，成天在家里摆几个铜钱、挂个红布袋、弄几个红包的……搞得家里鸡犬不宁，都跟着你转，一会儿搬沙发，一会儿挪床。这两天你又换了，挂个佛像，又拿个念佛机来，谁知道你这次又是哪一出啊？谁知道哪年你的兴趣一变，又改成什么了呢？"她原来是这么看的。

但是，从我这四个月天天回家，她看到了一个真正改变自己的学佛人，看到了他做的工作是什么，他的心是什么心，他对爸爸妈妈是什么态度。所以，她才真的佩服。

在爸爸过世之后，我们经常有交流。

第三章

慎终追远　念佛心切

——父亲走后的悔过与觉悟

老父亲在二〇一〇年十一月二十八号过世了，我从七月底开始就一门心思地照顾他，基本上所有的社会活动、论坛都不参加了。一共是四个月、一百二十天。现在想起来有点后怕，也不知道为什么，也没人跟我说什么，我觉得这是三宝加持，因为我缺这一课。

回想起来，老人家最后在临走的时候跟我说："儿子，我这一生当中最幸福的四个月，就是跟你在一起的这四个月。"父亲帮我帮到了极致，除了养育之恩之外，就佛法的修学来说，也对我给予了别人不能给予的帮助。

我爸爸走后，胡妮妮居士给我父亲写了一副挽联："知孝亲时亲不在，欲勤子职子无依。"你想孝敬爸爸了，爸爸不在了；当你要行使儿子的职责的时候，你没有依靠了，向谁去履行你的职责。现在社会乱了，年老的父母没人管，非常可怜。所以，诸位，真的是时不我待，要早些回到父母的身边，尽自己为人子女的责任。

我现在特别感谢父亲。在他走后，我回忆我们在一起的时光，梳理他对我的嘱咐，认真地反思自己的过错；同时，一心念佛。

我父亲临终之前和我说过一件事，他说："小林，有一件事我得跟你说说。你还记得郝师傅吗？就是你帮我请的司机。"

我说："哦，对，我想起来了。"

"有机会的时候，好好报答报答他，别忘了。这孩子挺懂事，忠厚。"

父亲说得特别含蓄，一句批评的话都没有。

记不清那是在二〇〇四年还是二〇〇五年，当时我没学佛，没学传统文化。我和司机郝师傅发生了口角，就骂了这个师傅，说了脏话。因为我是老板，就把这司机师傅给炒掉了。

事情的起因，好像是他在公司报销的时候，财务部的人觉得他有些费用不合适，我就认为可能他是有些作弊，或者说是贪污。那时没学《弟子规》，"见未真，勿轻言；知未的，勿轻传。"我是天天都"见未真"，天天都"知未的"。所以，就由着性子来，把他给骂出去了。

他走了以后，我爸爸特别生气。因为他对我爸爸的照顾无微不至，帮助老人家去看病、拿药，到银行给老人办存款手续，给老人家洗澡，给老人家买衣服。爸爸跟司机的交流比我多得多，那是老人家身边的一个贴心的人。突然把司机轰走，给父亲造成了很大的不便，那对他来说就像少了一条腿似的。

这是老人家在过世之前，对我有了信心了以后，他才和我说这件事。他说:"儿子,咱们对不起人家。现在我敢跟你说这话了,因为现在你变了。他对爸爸的照顾,到今天都令爸爸感动。你一定要好好照顾小郝,他有困难你千万别忘了。"

老爷子跟我说这话的时候,我心里还不大舒服。因为他也骂了我,连爸爸妈妈也都骂了。但是,"将加人,先问己;己不欲,即速已。"你骂人家的爸爸妈妈,人家能不骂你的爸爸妈妈吗?你要知道你爸爸妈妈让人家骂了难受,那你能骂别人的爸爸妈妈吗?

我当时还想不通,只是应付一下爸爸。我说:"行,爸,您放心吧。"我能不能找到这司机?能找到。但是我不愿意,我心里别扭,我不愿意低下这个头,不愿意向他承认错误。

在爸爸走了以后,我梳理父亲对我的嘱咐,想自己还有什么东西没做到的时候,我突然想起了郝师傅。"父母呼,应勿缓;父母命,行勿懒。"我就给他发了条短信,那条短信是含着泪写的。内容是这样的:

"郝师傅,您好!

我是胡小林,以前自己没有学好怎样做人,不懂得道理,对您做了不该做的事,说了不该说的话,现在内心非常地痛苦,十分地后悔,怪都怪自己没有受过道德的教育,不知道感别人的恩,不知道改自己的过。我真诚地在这里请求您的原谅和宽恕。我深深地向您忏悔。

父亲生前一直认为我做得不对，他总觉得我们对不起你。他老人家特别地感谢你，总是跟我说：'小郝这孩子不错，老实，厚道。儿子，我们原来做错了，你要道歉，以后有机会别忘了照顾小郝。'都是我不懂事，让老人家生气，让老人家伤心，现在想起来，真的很难过。

我是个不孝顺的孩子，对不起父亲的养育之恩，对不起您对我父亲的一片爱心和呵护，我一定认真改正自己的过错，不辜负父亲的培养，不辜负您对我的原谅。我们全家都感恩您！我代先父感谢您，给您磕头了！胡小林敬上。"

我把这个短信就转发给了我的妹妹和我的妈妈，知道自己是错了。爸爸已经不在了，他的这点遗愿，你当儿子的没有给老人家一个答复，老人家就走了，不圆满。你不孝！当年我轰走郝师傅的时候，最难过、最着急就是我妹妹，因为她跟老人生活在一起，我这无意之中给她平添了很多麻烦。我妹妹接到这个短信，给我回了一条短信："伟大的哥哥，令人尊敬的哥哥。"

我把这个短信也发给了净空老法师。我说："老法师，您好。小郝师傅是我原来给父亲请的司机。没学传统文化以前发生了争吵，我当时骂了脏话，最后把他给轰走了。这件事我都忘了，后来经父亲的提醒，才突然意识到这件事对父亲的伤害，对郝师傅的伤害。在父亲过世后的今天，想起这件事，惭愧内疚的泪水不止，我错了，我道歉。弟子惭愧跪倒，应三拜再三拜。"

"过能改，归于无；倘掩饰，增一辜"，"亲所好，力为具；亲所恶，谨为去"。我们说了很多不该说的错话，做了很多不该做的错事，我们要改正，要真干。这是父母最愿意看到的，一分钟都不能等。

"父母呼，应勿缓；父母命，行勿懒。父母教，须敬听；父母责，须顺承。"

这个东西真实不虚，这个东西称性，这个东西使我们能够找到原点。

我们每一个学佛的同修都有父母，真的要做到孝养父母。有很多人说，我爸爸妈妈已经不在了，爷爷奶奶不在了，我们怎么孝养父母？问这话说明你没有把佛理弄明白。爸爸妈妈还在，不仅这一生的爸爸妈妈还在，累生累世的爸爸妈妈、爷爷奶奶都在。你怎么孝养？你看《地藏经》，你看婆罗门女是怎么孝养的？觉华定自在王如来让她回家老实念佛，自己念成了，妈妈生天了。所以，这是一个非常严肃的问题。

谁把你带到这个世界上来的？爸爸妈妈。为什么婆罗门女一日一夜念成了圣者，悦帝利罪女就生天了？因为悦帝利罪女堕地狱是因，婆罗门女成圣者是果。"一子成佛，九祖生天"。这不就是佛菩萨对我们的教育吗？

地狱是最苦的。如果父亲真是去了地狱，我们能救吗？能救。怎么救？你胡小林成为圣者。福自己求，指望谁都不行。因为爸爸过世这个因，你加功用行，断恶修善，你对社会做贡献，你对国家做贡献，只有这样才能救爸爸，才能成就自己。

所以，爸爸一走了，我这念佛的心更切了，我就觉得每声佛号都在救爸爸，只要我成了，他就成了。中国的"孝"字，上半部是"老"字，下半部是儿子的"子"，是一体的。爸爸过世之后，我再想发脾气，还好意思吗？那样的话，我怎么救我爸爸？他老人家万一在地狱受煎熬，我这不是雪上加霜吗？我再想搞自私自利，我还好意思吗？爸爸对你这么大的爱，你能救爸爸你不救，不仅不救，你还落井下石，你忍心吗？

《弟子规》上说："丧三年，常悲咽；居处变，酒肉绝。"不是说丧三年就让你光跟那儿哭，这个意思太深了。"丧三年，常悲咽"，是说"丧三年"的过程当中，你有自私自利，你有名闻利养，你有五欲六尘，你有贪瞋痴慢，你想干这十六个字的时候，你就要想到爱你的父亲在那等待你的救赎，你不得掉眼泪吗？你做到了吗？你没做到，你在害他老人家。亲爹你都害，谁你不害？亲爹你都不救，你说你学佛能得利益吗？

所以说，《弟子规》上的这句话在父亲过世之后，我真是有了更深的体会。就是心里头常常想着：我成了，爸爸就成了；我真成了圣者，我真得了救，爸爸就得救了。为了他老人家我不能犯错，为了他老人家我不能说错话，我不能动这个歪主意。

爸爸活着的时候爱你、照顾你，做出种种示现来启发你的孝心，启发你的诚敬心。老人家走了还在教育你，还在对你鞭策，还在你的身边时时给你提醒，你别忘了老人家。比如当你坐飞机的时候，刚想跟服务员发脾气，你一想到爸爸，你就发不出这脾气来了。真的，大家试一试，不忍心了，爸爸对你的爱一下就涌上心头。

我们看《地藏经》所描述的地狱的痛苦，他在那里等待我们救赎，你还好意思吗？你就不好意思了。所以，怎么叫慎终追远？为什么要慎终追远？老给自己提醒，爸爸妈妈跟我在一起，我要好了他们就好了，我越好他们就越好，所以你要慎终追远。你说他们好不好我无所谓，我心里已经没他们了，我已经把他们淡忘了。对不起，你少了这份鞭策，你少了这份加持，你少了这个增上缘，你自己也成不了。你说"众生无边誓愿度"，歇菜吧！不接受你这个说法，爸爸你都不想度，你说"众生无边誓愿度"？所以，常把父母放在心上的人是有福的人。因为什么？他修学精进，他真努力，他真干。

《无量寿经》上说："发菩提心，一向专念。"你是一向专念了，你那念是为自己。什么叫发菩提心？印光老和尚在《文钞》上说是"自利利他之心"。你连爸爸都不愿意利益，你能利益他人吗？你连爸爸都不利益，你的菩提心能出来吗？你的菩提心不出来，这八个字"发

160

菩提心，一向专念"能作数吗？从哪里把菩提心引发出来？从爸爸身上，从妈妈身上。

换句话说，爸爸妈妈身上你都焕发不出利他之心，念佛是喊破喉咙也枉然。所以，不管爸爸妈妈活着还是不在了，都要发菩提心，都要利益他们。咱们不吹那大话——众生无边誓愿度，您真的没到那个境界，我反正是没到。但是回家孝养父母，恢复跟爸爸妈妈这种密切的感情之后，为他们老两口，我念佛愿意，我得力，我觉得我恳切。

妈妈八十一岁，爸爸已经过世，我声声佛号救赎他们，我声声佛号能让他们得到利益。虽然现前我不能跟爸爸在一起，但是"阿弥陀佛"四个字把我们爷俩拴在一起，每一声佛号只要相应，他老人家就舒服一分。每一声佛号，如果我真的想去西方，他就能得到这句佛号的利益。那念佛就必然不散乱。念佛心不恳切，是因为没有找到恳切的原因。

所以，《弟子规》、《了凡四训》说让我们孝养父母，让我们慎终追远，不是闹着玩儿的，真的是这样，这是勘验我们有没有菩提心的第一步。如果你念佛不能跟爸爸妈妈结合在一起，连他们你都找不到感觉，那你肯定没有回向。我就抱着一个信念，就是帮着父亲，一定要往生西方。我觉得这就是回向菩提，这就是回向实际，这就是回向众生。

我有一次跟老法师汇报说，回家孝养父母、尽孝道，真是普贤菩萨十大愿王圆满具足了。十大愿王末后一条是"普皆回向"，什么叫普皆回向？回向实际，回向菩提，回向众生。爸爸就是众生，你伺候他、照顾他，这不是回向众生嘛。回向菩提，卫生间里的故事不就是让你觉悟嘛。找到差距了，爸爸放得下，你放不下，爸爸这条裤子不就是菩提嘛。回向实际了吗？实际是真如本性，念佛更精进了，就是回向实际。

　　印光老和尚在给卓智立居士的回函当中说，"念佛而不修行，往生西方，千百万人中无有一二"，老和尚这句话中肯。念佛的人多，修行的人少。要修什么行？孝养父母是第一行。如果这个行你都不修，也别念佛了，该怎么轮回就怎么轮回，该怎么生死就怎么生死。

　　这世间还有什么迷恋的，什么东西你能带走？你带不走。你看到父亲就看到自己，不能再这样了。你爱你爸爸有多切、有多深，你念佛就应该有多切，这样你才能救他。不是在他老人家面前哭，不是老人家走了以后买一个金子做的骨灰盒，那都没用。你要把他对你的教育，化成念佛的动力，你爸爸才能得真实的利益。

　　所以，我现在念佛很得力，非常非常的喜悦，这从来没有过。哪来的？回到父母身边，孝养父母，从父母身上学来的。这种恩情怎么报？去西方做佛做祖。

附
胡老先生往生见闻记

　　胡丕林老先生于二○一○年十一月二十八日中午十二时五分往生。

　　胡老先生往生后，依照佛教的做法，其子胡小林老师为他做了七七四十九天的超度，超度内容包括每天二十四小时不间断的大众念佛和每七天一次的放生及三时系念法会。以上活动全程得到了胡老师的老师净空老法师及其护法胡妮妮大居士的指引与帮助。

　　鉴于许多朋友对为胡老先生超度一事的关心，胡老师嘱我将我的所见所闻简单地记录下来，供养大家。但愿此文能对如何帮助亡者，带给大家一点启发，也愿大家透过此文能够对净空老法师的无限慈悲窥见一斑。

　　胡老先生往生后，在其单人病房里，胡小林老师等为老人家做了八个小时的助念。第二天，我们便开始在北京附近寻找适合做四十九天佛事的地方。原想为了方便胡老师及其家人，将地点选在北京或周边地区，但因缘不具足，最后定在了深圳向小莉馆长的信德图书馆。

净空老法师亲自嘱咐向小莉馆长和贾树峰居士（现在的印信法师）在四十九天内全程照看此事。

至于逢七的七场三时系念法会，向馆长原本是有现成的一个团队可以主持法事活动的，但老法师还是亲自致电东天目山的齐素萍居士，请她派遣一组法师前往主持七个七的三时系念法会，在不逢七的日子，则由这些法师轮班领众念佛。

所有人的响应都是第一时间的、迅速的。向馆长立即在全国范围内挑选并邀请了一百位念佛同修，前往深圳参与这次四十九天、二十四小时不间断的念佛。齐居士在她的道场中选出七位最优秀的、学习讲经的法师前往深圳，他们住在那里，直至四十九天圆满。

十二月二日上午九点，胡老先生往生后的第五天，遗体在八宝山火化。当天下午，胡小林老师便携长子——胡老先生的长孙胡杨，捧着胡老先生的骨灰盒和大幅照片，登上了前往深圳的飞机。我与一位义工赵静银老师随行。

其实，法事活动在此之前就已经开始了。在胡老先生去世的第二天，长春的百国兴隆寺破例专门为胡老先生做了一场简短而隆重的法事，由德高望重的常慧法师主法，寺院的几十位法师分列两侧，长春的张庞然老师代表亡者的家亲眷属参加了法会。

遵照胡妮妮居士的嘱咐，在胡老先生生前居住的房间内，也设立了牌位，房间内念佛机的佛号声不断……

深圳信德图书馆内，向馆长将一切都准备得井井有条。灵堂内摆放了一台电视机和一台DVD播放机，二十四小时不间断地播放净空老法师的讲经光碟，希望胡老先生能在此地听经闻法。四十九天内播放的讲经内容及几个题目的播放顺序都是请示过老法师的。胡妮妮居士说，师父这样的安排是特别考虑了胡老先生本人的情况，因此，播放的内容与当年胡妮妮居士送她母亲往生时的内容是不完全一样的。

宽敞明亮的灵堂隔壁就是同样宽敞明亮的念佛堂。念佛堂内止语。几个小时一轮班的居士们身穿海青，缓慢地绕行着。

在我们抵达深圳的当晚，胡妮妮居士便传来信息：老法师将会在第一个七那天，从香港专程过来，并在三时系念第一时开始时上香。这是我们大家都没有想到的。

十二月四日是星期六，这一天下午将为胡老先生做第一个七的三时系念法事。这天，胡妮妮居士和刘素云老师先老法师一步到达。刘素云老师当时住在广州，也是受老法师嘱托，前来与大众一起念佛。

三时系念法事全称《中峰三时系念法事全集》，为元朝中峰禅师编著的修法仪轨。法事分为第一时、第二时、第三时，所以称"三时"。净空老法师在讲解这本《中峰三时系念法事全集》时说："在古时候的印度，把一昼夜分作昼三时、夜三时。由此可知，这个意思要是引申，就是昼夜不懈。"他说："一堂法事大概是两个小时，三堂（第一时、第二时、第三时）六个小时的样子。在六个小时里，赞叹（我们叫礼敬）、供养、诵经、念咒、发愿、忏悔、开示、念佛、回向，不断重复。"

"系念"，意思是念念不舍，这个法事最主要的就是"系念阿弥陀佛"；"法"是方法；"事"是专求往生净土，也就是依中峰国师的这个法本，修求往生的法事。

下午一点过后，净空老法师的车子在众人的一片佛号声中驶进了图书馆的大院。老法师到达后告诉向小莉馆长，帮他准备一套桌椅板凳，他要参与一个完整的第一时法会。向馆长一下着了急，匆忙中安排了一套桌椅，放在法会现场的后侧方，但她显得不甚满意，因为她认为，对于老法师来说，这套桌椅太小了。事后，向馆长跟大家说："师父是从来不参加三时系念法会的呀！"

在向馆长临时准备的红木桌上，《中峰三时系念法事全集》的法本端正地摆放在读经架上，老法师端坐在后。因为老法师在座的缘故，开场时，主法的法师和维那师似乎有些紧张，但仍不失庄严。整个第一时，现场气氛格外地好，参与法会的念佛居士们也都显得分外地振奋。

同一天，我们和向小莉馆长分别在秦皇岛和深圳安排了放生。胡老先生这一生身体多有病苦，所以，我们在第一个七做了大规模的放生。在随后的每个七，我们都一直坚持在北京或其他地区，做相当规模的放生，直至七七圆满。

净空老法师对深圳道场的关注在随后的日子中仍然继续着。

因为胡小林老师年逾八十的老母亲在北京，所以，胡老师只在逢七时飞到深圳，平日则留在北京陪母亲。

除向馆长外，护持刘素云老师的于世杰也会定期向我通告深圳那边的动向。十二月六日，于老师告诉我："今上午老法师电话嘱咐刘老师，每天给老人家开示三次。"

十二月八日，于世杰老师再传来讯息："今中午，刘老师为老人家开示时，悲悯老人家的痛苦而流泪，效光目女救母，视老先生为己父，祈请地藏、观音菩萨慈悲加被，并打手印超度。"

净空老法师于二〇一一年一月十八日讲解《净土大经解演义》时说，刘素云老师"以极真诚的信心，帮助胡小林的爸爸忏除业障，求地藏菩萨为他消除业障，求地藏菩萨引导他往生净土"。

众人皆惊叹不已！

净空老法师教导我们，佛经上说"七七日内，广造众善"。修福、广造众善的方法，"包括很多很多，以诵经、念佛给他回向为主；如果有能力，将亡者遗留下的财物广行布施，那他的福报就更大了。"这里说到的布施，老法师的做法多是印经，印成经典来布施。

因此，胡小林老师将父亲留下的全部现金（五十万元）汇至向馆长于云南的念佛道场，以表感恩之心，更重要的也是在为他的父亲修福。

胡老先生是因发烧不退被家人送往医院检查治疗的，几天后便往生在医院。就在此前的几个月，钟茂森博士（现在的定弘法师）还特别同胡小林老师讲过，他很愿意将来为胡老先生做临终助念。但事情发生得突然，胡老师没有想到安排临终助念的时刻到了……

胡老先生往生后，我们大家因缺乏相关的常识和经验，对老伯身后事情的安排有些不知所措。所幸的是，我们当时手边有一本《黄燕平居士往生纪实》，这本小册子记录了胡妮妮居士的母亲在往生后被超度的全过程，于是它便成了我们的重要参考宝典。更为庆幸的是，很快地，我们便得到了胡居士本人详细而周全的帮助和解答。所有这些，促成我们在七七日内，出版了三张有关临终助念及超度理论方面的光盘，并广为流通，以期能够帮助更多的家庭和子女对于生死之事的处理，早作心理上的准备，并以此功德回向给胡老先生的在天之灵。

七个七中，胡小林老师有一个七是在新加坡度过的。因为那时正好是元旦，新加坡净宗学会举办"二〇一一年新加坡弘法大会"，邀请了净空老法师及几位弟子（包括胡小林老师）一同前往。胡老师讲课的题目是"净业三福，孝亲尊师"，藉此机会，向大家汇报了他与父亲相处的一百二十天的点点滴滴。佛法讲回向，我相信，在他心里，一定是将讲课的功德全部回向给了他的父亲。

作为以上这些事件的一个参与者，我感受到了来自周围各方面强有力的支持以及大家所给予的极大的温暖——很多事情在此文中还没有提及，比如来自马来西亚和印尼净宗学人及机构的慰问及回向。我祈望能通过此文，将这种温暖和慈悲传递给更多的人，也让更多的人对于生死大事生起警觉之心。

在此恭录《中峰三时系念法事全集》最后的一段经文，作为本文的结束。

系念功德殊胜行。无边胜福皆回向。

普愿沈溺诸众生。速往无量光佛刹。

十方三世一切佛。一切菩萨摩诃萨。摩诃般若波罗蜜。

崔宇

二〇一二年十一月二十四日，于北京

图书在版编目(CIP)数据

净业三福 孝亲尊师:落实孝亲的点滴体会/胡小林著.——长沙:岳麓书社，2013.7
ISBN 978-7-5538-0119-3

Ⅰ.①净… Ⅱ.①胡… Ⅲ.①孝－文化－中国 Ⅳ.①B823.1

中国版本图书馆CIP数据核字(2013)第081786号

净业三福 孝亲尊师：落实孝亲的点滴体会

作　　者：胡小林
责任编辑：李业鹏
策　　划：北京大通永利文化传播有限公司
装帧设计：视觉共振设计工作室
岳麓书社出版发行
地址：湖南省长沙市爱民路47号
直销电话：0731—88804152 88885616
邮编：410006

2013年7月第1版第1次印刷
开本：720×1000 1/16
印张：11.5
字数：100千字
印刷：1－40000
ISBN 978-7-5538-0119-3
定价：35.00元

承印：三河市鑫金马印装有限公司

如有印装质量问题，请与本社印务部联系
电话：0731—88884129